KB201305

왜
교회일까
?

왜 교회일까?

포스트 코로나 시대에 교회가 교회에게 해야 할 질문

초판 1쇄 인쇄 | 2020년 11월 25일
초판 1쇄 발행 | 2020년 12월 03일

지은이 | 김기승
발행인 | 강영란
편집 | 강혜미, 권지연
디자인 | 트리니티
마케팅 및 경영지원 | 이진호

펴낸곳 | 샘솟는기쁨
주소 | 서울시 충무로 3가 59-9 예림빌딩 402호
전화 | 대표 (02)517-2045
팩스 | (02)517-5125(주문)
이메일 | atfeel@hanmail.net

홈페이지 | https://blog.naver.com/feelwithcom
페이스북 | https://www.facebook.com/publisherjoy
출판등록 | 2006년 7월 8일

ISBN 979-11-89303-38-9(03200)

이 도서의 국립중앙도서관 출판예정도서목록(CIP)은
서지정보유통지원시스템 홈페이지(http://seoji.nl.go.kr)와
국가자료종합목록 구축시스템(http://kolis-net.nl.go.kr)에서
이용하실 수 있습니다. (CIP제어번호 : CIP2020049575)

포스트 코로나 시대에
교회가 교회에게 해야 할 질문

WHY

왜
교회일까
?

김기승 지음

CHURCH?

샘솟는
기쁨

참된 교회를
꿈꾸는 사람들에게

사람들이 교회를 떠나가고 있는 현상은 어제 오늘 일이 아니다. 더욱이 코로나19 때문만은 아니다. 외적 성장을 추구하던 교회와 목회자들, 그리고 성도들이 교회의 본질을 잃어버린 채 그들만의 울타리 안에 갇혀 있기 때문이다.

저자 김기승 목사님은 자신의 목회 경험과 탄탄한 성서적 해석뿐 아니라 다양한 사회학적, 인문학적 배경을 넘나들며 왜 이 시대에 교회가 필요한지를 하나씩 짚어 나간다. 교회의 본질이란 무거운 주제이자 따분한 소재가 되기 쉽지만, 저자의 생생한 목회 경험을 바탕으로 쉬이 읽히면서도 읽는 사람으로 하여금 깊이 생각하게 만든다. 저자의 말마따나 한국교회는 지금이 골든타임이다. 참된 교회를 꿈꾸는 모든 사람들에게 이 책을 추천한다.

김병삼 목사 | 만나교회 담임, 『치열한 도전』 『그래야 행복합니다』 저자

"미안해~!"라고 '희망'에게 말해 주고 싶었다. 하지만 이 책을 읽어 내려가면서 희망에게 이렇게 말을 건네고 싶어졌다. "힘 내~! 넌 혼자가 아니야."라고. 요나를 주제로 한 전도 책자, 『걷기 시작하다』를 우연히 손에 쥐면서 '김기승'이라는 이름을 알게 되었다. 그때 가장 먼저 떠오른 단어는 '희망'이었다.

30여 년 전 나는 성남 은행동의 한 골짜기에서 교회를 개척했다. 그 시절의 아름다웠던 추억 속에는 숱한 시행착오의 부끄러운 기억도 한켠 차지하고 있다. 그때의 나와 아들 뻘 되는 김기승 목사를 비교해 보면 충분히 부러울 만큼 탁월하다. '거룩한 고민'을 품고 거슬러 올라가는 자세가 탁월하다. 그가 고민하는 주제는 오롯이 '교회'이다. 이 책을 읽는 독자는 교회의 앞날을 희망의 가슴으로 보게 될 것이다.

"참 고맙다, 이런 목사님이 계셔서."

"참 고맙다, 이런 책을 만나게 되어서."

정연수 목사 | 효성중앙교회 담임, 중부연회 감독, 『수건을 벗어 던지라』 저자

먹어 봐야 맛을 안다. 20년 전이다. 선교지에 다녀온 친구가 두리안이 맛있다고 했다. 구린내가 나지만 부드럽고 고소하며 동시에

달콤하고 향긋하다면서. 아무리 그렇다고 해도 그의 설명으로는 맛을 가늠할 수 없었다. 그 맛. 그 다음해 나도 선교지에 갔다. 아! 이 맛이구나! 그러고 보니 교회론도 이와 같다. 이것은 실행 지식이다. 더군다나 중세 시대처럼 로마-스토아 철학의 방법으로 국가에 교회를 설명했던 식의 교회론은 대부분의 사람들에게 탁상공론처럼 느껴질 것이다. 교회를 경험하고 있어야 논의에 진정성이 있다.

다행히 오늘날은 누구나 교회를 경험 중이다. 뉴스에서는 거의 매일 코로나와 함께 '교회' 이야기가 나왔다. 신기하다. 코로나 사태 이후 교회론이 학교에서 현장으로 옮겨갔다. 교회가 무엇인지에 대한 실행적 논의를 펼칠 '판'이 세상에 깔렸다. 내 평생 이런 기회는 처음 겪는다. 복음을 전할 기회, 교회를 교회답게 바꾸기 위한 논의를 진정성 있게 펼칠 기회, 무엇보다 교회를 실행할 기회, 교회 개척의 기회.

저자는 교회 개척자, 그러니까 실행가다. 그의 말에 탁상공론이 없다. 바로 이 시간도 현장에서 허우적대며 고민 중인 행동가로서 진정성있는 논의를 펼친다. 더이상 하던 대로 해서는 교회를 할 수 없는 시대다. 여기서 교회를 고민 중인 그대에게도 일독을 권한다.

송준기 목사 | 웨이처치 담임, 『끝까지 가라』 저자

김기승 목사에 대한 기억은 선명하다. 신학교 시절 유난히 큰 키의 김 목사는 늘 웃는 모습이었다. 학부생 김기승은 성실함의 모습

으로 나의 기억에 저장되어 있다. 학생 설교대회에서 그의 설교 내용보다 그가 준비한 그림판 교부재가 기억난다. 기차로 서울에서 부산까지 KTX와 완행열차로 이동하는 방식을 신앙생활과의 상관성과 비교했으며, 그의 열정은 대단했고 목회자로서 기대되었다.

오늘 같은 어그러지고 거스른 세상에서 교회가 아니면 그 답이 될 수 없다는 그의 소명이 이번에 출간한『왜 교회일까?』에 잘 나타나 있다. 교회의 본질과 정체성에 대한 재고를 요청하고 있다. 이 땅에서 교회가 무엇을 어떻게 감당해야 하는지를 소소한 목회 일상을 통해서 전하고 있다.

자본주의 사회에서 경험하는 교회의 모습이 자본주의의 틀을 넘어서지 못하고 오히려 자본주의의 틀 안에 갇혀 있는 모습을 보며, 교회에게 다시 교회로서의 사명을 감당할 것을 요청하고 있는 김기승 목사의 외침은 명료하다. 사랑의 공동체, 은혜의 공동체, 섬김과 돌봄의 공동체, 그리고 성삼위 하나님이 살아 계시는 공동체가 교회라 고백한다. 그 고백이 우리 교회의 고백이 되기를 기대한다.

박해정 교수 | 감리교신학대학교, 『빛을 따라 생명으로』 저자

코로나 사태 앞에서 그리스도인들은 교회가 무엇이고 예배가 무엇인지에 대한 질문을 하기 시작했다. 이런 질문에『왜 교회일까?』는 단숨에 끝까지 보게 만들며 무릎을 치며 '바로 이거야!'를 외치게 만든 책이다.

저자는 이 책에서 교회를 개척하고 복음을 전하며 겪었던 에피소드를 통해 교회가 어떻게 오늘이란 세상에 접촉해야 하는지를 보여준다. '아내는 양을 잃어버린 곳에서 찾고 있었고, 나는 양이 없는 곳에서 열심히만 찾고 있었다.' 그렇게 우여곡절을 겪으며 세상과 접촉한 저자는 놀라운 고백을 한다. 세상이 교회를 향해 질문하기 시작했다고. 이 책은 이 시대를 섬기는 그리스도인으로 어떻게 세상 속의 그리스도인이 되어야 하는가라는 아주 소중한 지침을 전해 주는 비싼(?) 책임을 추천한다.

박정제 목사 | 라마나욧선교회 대표, 『나는 변방목사입니다』 저자

글이 적힌 원고 매수는 그리 많지 않으나 담고 있는 글의 내용은 두꺼운 책이다. 단지 현장에서 몸으로 경험한 개척 경험담에 머물지 않고 신학적 성경적 고찰을 했다는 것이 곳곳에 묻어난다. 개척 교회 목회자는 공감이 될 것이고 기성교회 목회자는 도전이 될 것이다. 코로나 시대를 지나가며 교회의 본질, 신앙의 본질, 복음의 본질 등 본질 회복이 곳곳에서 일어나고 있다. 그 바람에 실려 곳곳에 진정한 교회의 본질을 나눌 수 있는 좋은 책이 쓰여진 것 같아 감사하고 기쁘다. 진짜 교회를 꿈꾼다면 반드시 일독을 권한다.

윤은성 목사 | 한국어깨동무사역원 대표, 『백비』 저자

다시 회복해야 한다

뛰쳐 나가고 싶었다

주일 아침, 거리에서 전도를 하는데 한 노숙자가 교회에 오겠다고 한다. 나중에 알았지만 그는 10년 째 노숙생활을 하고 있었다. 18평 예배당에서 한 노숙자와 함께 찬양을 하는데 냄새가 지독해서 뛰쳐나가고 싶었다. 아니, 나가고 싶었던 이유는 따로 있었다. 예배를 인도하는 내 이중적인 모습에 악취가 났기 때문이다.

한 주 전에는 일산에서 가장 비싼 아파트에 사는 가정이 교회에 방문했다. 독일에서 음악을 전공하고, 음악학원을 운영하는 분이었다. 그분은 나의 목회철학이 좋다고 했고 다음주에도 교회에 오겠다고 약속을 하고 헤어졌다. 교회를 개척한 지 얼마 되지 않은 때라 그 가정과 함께한다면 교회에 큰 힘이 될 수 있겠다고 생각했다.

주일 아침이었다. 비싼 아파트에서 살고 있는 그 가정이 언제쯤 올지 기다리며 거리에서 전도 물티슈를 나누어 주었다. 한참 기다려도 보이지 않는다. 기다리는 중에 한 노숙인 아저씨가 내 앞을 지나가고 있었다. 늘 하듯이 그에게 물티슈를 건네었다. 물티슈를 받은 그는 나에게 이렇게 말했다.

"오늘, 예배드리러 가도 될까요?"

돈이랑 상관없이 하나님을 믿고 싶어 교회에 갔지만 천 원을 주며 오지 말라고 하고, 오늘은 예배가 없다면서 내쫓기기도 했다고 한다. 교회에서 상처를 받아 담을 쌓고 있었다는 그분이 오늘 교회에 오셨다. 하지만 나는 기쁘지 않았다. 왜냐하면 다른 사람들을 기다리고 있었기 때문이다. 예배를 드리는 내내 쥐구멍이라도 들어가고 싶었다.

고슴도치 딜레마

교회는 왜 존재하는 것일까? 내 입맛에 맞는 사람들이 와서 교회의 브랜드 이미지를 높이기 위해 필요할까? 지옥 가기 싫어서? 인간관계를 넓히기 위해? 교양을 쌓기 위해? 외로움을 달래기 위해? 교회오빠를 만나기 위해 교회는 필요한 것일까? 아니면 목회자의 성공을 위해서 교회는 존재하는 것일까?

인터넷 포털사이트에서 교회를 검색해 본다. 검색창에 '교회'라고 입력하자, 자동으로 완성되는 단어들이 눈에 띈다. '교회집합금지, 교회매매, 교회오빠, 교회 코로나, 교회 집단 감염, 교회 소모임 금지' 등의 순서대로 나열되어 있다. 코로나를 겪어가며 대한민국 사회에서 교회는 바이러스의 집단 감염지라는 분위기가 만들어진 것 같았다.

십자가와 간판만 달아도 교회에 사람들이 몰려왔던 시대가 있었다. 신도시에 번듯하게 세워진 거대한 교회의 건물을 보고 사람들이 몰려왔던 시대도 있었다. 자녀들을 위한 프로그램, 제자훈련이 잘되어 있는 교회로 사람들이 몰려왔던 시대도 있었다. 청년들이 많은 교회로 사람들이 몰려왔던 시대도 있었다. 하지만 지금은 아니다.

지금은 교회를 가지 않아도 온라인 플랫폼들을 통해 카리스마 있는 설교, 찬양들을 좋은 음질로 들을 수 있다. 성경공부, 제자훈련도 화상 서비스 앱을 통해 비대면으로도 가능하다. 젊은 이들은 홍대의 거리만 가도 만날 수 있다. 교회라는 건물 안으로 가야만 채울 수 있었던 필요들이 이제는 교회에 가지 않아도 채울 수 있는 플랫폼들이 즐비하다. 헬라어로 교회는 '에클레시아'다. 본질적으로 '모인다'라는 의미를 가지고 있다. 유튜브가 있는데 우리는 왜 모여야 하는가?

　몇 년 전부터 한국교회 안에는 '가나안 성도'라는 신조어가 등장했다. 위키백과에서 가나안 교인 혹은 가나안 성도라는 용어는 성경에 나오는 지명인 '가나안'을 거꾸로 읽은 '안나가'라는 문자이며, 어떤 특정한 곳에 가지 않는다는 의미라고 설명하고 있다. 교회에 나가지 않지만 자신은 크리스천이라고 말하는 사람들이 가나안 성도인 것이다. 미국에서는 'Believing without Belonging(소속 없는 신앙)' 혹은 'unchurched Christian(교회 없는 크리스천)'이라고 부르고 있다고 한다.

　교회를 안 나가는 합리적인 이유들이 있다. 교회의 이중적인 모습에 실망해서, 무조건적으로 믿음을 강조하는 것에 거부감이 들어서, 기존 교회에 대한 의심과 불신 때문에, 성도들 사이

분열 때문에, 교회 지도자들에 대한 실망 때문에 사람들이 교회를 안 나가고 있다.[1] 정재영 교수는 목회자의 일방적, 독단적이거나 권위적인 면모 때문에 교회를 떠난 사람들의 숫자가 상당하다고 진단한다.[2]

로드니 스타크는 초기 기독교의 성장 요인을 전염병 때문이라고 말했다. 대역병과 함께 갑작스런 죽음 앞에서 교회는 인생의 의미를 부여해 주었다. 그리고 전염병이 창궐하자 교회는 다른 사람들보다 청결하였고, 환자에게 물과 음식을 제공하고, 서로 돌보는 사랑의 공동체였기에 사망률이 상당히 낮았다는 것이다.[3] 그런데 지금은 코로나의 집단감염이 다른 공동체보다 교회의 비율이 상당히 높다. 사람들은 교회를 염려한다. 교회에 모여야 하는 이유보다 모이지 않아도 되는 이유들을 가지고도 책 한 권을 만들 수 있을 것 같다.

필립 얀시의 질문처럼 다음과 같은 질문들을 충분히 던져 볼 수 있는 시대를 맞이했다. '굳이 교회라는 조직에 소속될 필요가 있을까?' '종교 없이도 영적인 삶은 살 수 있는 것 아닌가?' '기독

---

1   위키백과
2   정재영, 『교회 안 나가는 그리스도인』 IVP
3   로드니 스타크, 『기독교의 발흥』 좋은씨앗

교에서 하나님만 만나면 됐지, 굳이 꼴 보기 싫은 다른 그리스도인과 관계 맺어야 하나?[4] 세상이 교회를 향해서 질문하기 시작했다. 코로나19가 기승을 부리기 시작하자 자녀들이 교회를 다니는 부모들을 향해 묻는다. "왜 교회가 필요한가요?" "교회 가지 마세요!" "하나님만 믿으면 됐지 왜 교회까지 다녀요?"

사랑하고 싶지만 가까이 다가가면 상처로 다가오는 교회들은 고슴도치 딜레마에 빠졌다. '고슴도치 딜레마'는 지그문트 프로이드에 의해 심리학의 영역으로 인정된 용어이다. 차가운 날씨에 두 마리의 고슴도치가 모여 서로의 온도를 높여 주고 싶지만 서로의 바늘 때문에 접근할 수 없다는 쇼펜하우어의 우화이다. 사람들에게 교회는 고슴도치처럼 느껴진다. 왜 모여야 하는지 모르는 교회와는 일정 거리를 두는 현상이 늘어나고 있다. 가까이 다가가면 상처가 날까 두렵기 때문이다.

4   필립 얀시, 『교회 나의 고민, 나의 사랑』 IVP

노예적 습기와 결별할 때

애굽은 바쁘고 분주한 곳이다. 인간을 노예로 만드는 애굽에서 '왜'를 찾는 것은 쉬운 일이 아니다. 우리도 애굽에서 살다보면 경쟁과 비교 속에서 삶의 이유를 잃어버리는 포로가 된다. 애굽에서 경쟁하고 비교하는 교회들은 존재 이유를 잃어버리고 말았다.

이도영 목사는 한국교회에 엇박자가 났다고 경고한다. 교회가 개인적인 영혼 구원의 복음밖에 모르고, 교회 성장에만 관심이 있으며, 기득권자들의 가치와 극우 이데올로기를 내면화한 현실 기독교는 재난이 있을 때마다 '신정론적 강박'에 사로잡혀 하나님의 주권만 되뇌인다는 것이다. 공공성에 대한 고민이 없기 때문에 역사와 문명을 바꿀 것이라는 코로나 19 앞에서도 하나님의 메시지를 듣지도 못하고, 미래 사회 대안에 대한 아무 고민이 없다고 말한다.[5] 마크데버는 교회론만큼 진리에서 이탈될 위험이 많은 것도 없다고 한다.[6] 애굽에서 존재의 이유를 잃어

5   이도영, 『코로나19 이후 시대와 한국교회의 과제』 새물결플러스
6   마크데버, 『THE CHURCH』 아가페 북스

버린 고슴도치 교회들이 늘어나고 있다.

하나님은 노예로 살아가는 히브리인들을 애굽에서 광야로 인도하셨다.

"… 우리가 광야로 사흘길쯤 가서 우리 하나님 여호와께 제사를 드리려 하오니 가도록 허락하소서 여호와께서 전염병이나 칼로 우리를 치실까 두려워하나이다" (출애굽기 5:3)

단순히 멈추기 위해서만이 아니다. 김기석 목사는 광야 그곳은 오랜 세월 동안 사람들의 몸과 마음속에 배어든 노예적 습기와 결별할 것을 요구받는 학교였다고 말한다.[7] 하나님은 우리가 노예처럼 교회에 다니는 것을 원하지 않으신다. 그래서 교회를 광야로 이끄신다. 애굽과 가나안 사이에서 교회는 이제 방향을 찾아야 한다. 특별히 교회는 광야에서 노예적 습기와 결별해야 한다. 그렇지 않고는 교회도 가데스 바네아에서 38년이란 시간을 또 헤매다가 거리두기를 시작할 수밖에 없다.

포스트 코로나 사태를 마주한 교회는 하나님이 원하시는 방

---

7   김기석, 『광야에서 길을 묻다』 꽃자리

향으로 새롭게 갱신해야 한다. 이상훈 교수는 새로운 갱신을 원한다면 본질을 붙잡고 그 이유와 목적, 가치를 끊임없이 물어야 한다고 말한다. "무엇을?" "왜?" "WHY?"[8] 가나안을 바라보며 광야를 통과하는 교회일수록 본질을 붙잡고 존재의 이유를 제대로 물어야 한다.

로마의 황제숭배 강요로 극도의 혼란과 어려움에 빠져 있는 상황에서도 유대인들로부터 오는 압박에 굴복하지 않는 믿음의 공동체가 있었다. 그것이 바로 교회이다. 하지만 고난 앞에서 교회들의 민낯도 드러났다. 스스로 부유하게 여기는 교만한 모습을 보이는 교회가 있었다. 미적지근한 믿음의 문제를 드러내는 교회도 있었다. 힘이 빠져서 주저앉아 있거나 아예 믿음이 죽어 있던 교회들도 있었다. 거짓 교사들의 가르침으로 진리를 혼란스러워하는 교회들도 있었다.[9]

요한계시록에 등장하는 에베소교회는 악한 자들을 용납하지 않고, 거짓된 것을 드러내고, 예수님을 위하여 견디고 게으르지 않는 교회였다. 하지만 에베소교회도 고난 앞에서 드러난 실체

8   이상훈, 『RE THINK CHURCH』 교회성장연구소
9   조경철, 『신약성서가 한눈에 보인다』 땅에 쓰는 글씨

가 있었다.

"그러나 너를 책망할 것이 있나니 너의 처음 사랑을 버렸느니
라 그러므로 어디서 떨어졌는지를 생각하고 회개하여 처음 행
위를 가지라 만일 그리하지 아니하고 회개하지 아니하면 내가
네게 가서 네 촛대를 그 자리에서 옮기리라"(요한계시록 2:4~5)

에베소교회를 향해 성경은 경고한다. 예수 그리스도의 이름
을 위해 견디고 게으르지 않다는 것을 알지만 처음 사랑을 버렸
다는 것이다. 처음 사랑을 회복하지 않는다면 촛대를 옮기겠다
고 이야기한다. 예수님이 처음 교회를 세우신 이유가 있다. 처
음을 잃어버린 교회는 촛대가 옮겨질 것이다. 촛대가 옮겨지기
전에 우리는 어디서 떨어졌는지를 생각하고 교회의 이유를 다
시 회복해야 한다.

차 례 ——

PART1

교 회 의 ——————————— 온

도

한국교회 온도는 몇 도일까?

코로나19와 함께 마스크, 소독제, 체온계가 필수품이 되었다. 소독제는 잦은 접촉이 있는 손의 세균을 제거하고, 마스크는 비말을 방지한다. 체온계는 열을 체크해서 코로나 환자와 접촉을 예방할 수 있다. 병원에 가면 가장 먼저 하는 일은 체온계로 열을 체크하는 것이다.

몸의 온도를 아는 것은 매우 중요하다. 몸의 온도가 0.5도만 떨어져도 추위를 느끼고 근육이 긴장이 된다. 체온이 올라 39.6도 이상이 되면 심장 박동이 빨라지면서 혈류량이 늘어난다. 몸은 적정체온인 36.5~37도일 때 신진대사에 관여하는 효소들이

가장 활발하게 움직인다.[10]

삶에도 온도가 있다. 이기주 작가는 언어에도 온도가 있다고
말한다. 무심결에 내뱉은 말 한마디 때문에 소중한 사람이 곁을
떠났다면 '말 온도'가 너무 뜨거웠던 것이고, 한두 줄 문장 때문
에 누군가 마음의 문을 닫았다면 '글 온도'가 너무 차갑기 때문이
라고 말한다.[11] 삶에서도 온도는 중요하다.

교회도 온도가 있다. 사도행전 2장의 오순절 마가의 다락방
에 성령이 임하실 때 그곳은 진동하였고, 뜨거웠다. 성령의 기
름부음을 통해 교회가 뜨겁기도 하지만 다른 온도를 가진 교회
들도 있었다. 차가워진 사데교회를 향해서는 성경은 죽었다고
했다. 라오디게아교회는 차갑지도 뜨겁지도 않은 미지근한 교
회였다. 미지근한 온도를 가지고 있던 교회를 향해서 성경은 토
하여 버리겠다고 경고한다.

"네가 이같이 미지근하여 뜨겁지도 아니하고 차지도 아니하니

---

10   케이스토리 환경보건지식
11   이기주, 『언어의 온도』 말글터

내 입에서 너를 토하여 버리리라"(요한계시록 3:16)

목회하는 교회에서 신학교를 가겠다는 학생이 있었다. 신학교에 입학하기 전 외부집회 사역을 함께 동행한 적이 있었다. "내년이면 신학생이 될 친구예요! 배우려고 같이 왔어요" 이 말을 들은 목사님들은 하나같이 "왜?!" "진짜?" "다시 생각해 봐", "너희 목사님 나쁘다!"로 대답했다. 내가 신학교에 입학했던 시기만 하더라도 "진짜 축하해요! 훌륭한 목사님 되실 거예요!", "잘 되었네요! 교회에서 잘 준비되어 큰 교회에서 목회하세요", "우리교회에 목사님이 나왔다니 잔치해요." 이런 이야기들을 들었다. 신학생이 되겠다는 이야기에 의아해하는 한국교회의 상황은 어떠할까?

기독교대한감리회에서 목사 안수를 받기 위해서는 신학대학원을 졸업한 뒤, 수련목회자 선발고시에 합격하여야 한다. 합격후 3년 동안 수련의 과정을 보내면 목사 안수를 받게 된다.

나는 수련목회자 마지막 해에 고민을 하기 시작하였다. 목사 안수를 받기 위해서는 개척을 하든, 기존 교회에서 부교역자가 되든 결정을 해야 했다.

하지현 교수는 『고민이 고민입니다』라는 책에서 성숙한 어른은 감정에 휘둘리지 않으며 결정하는데 지나치게 애쓰지 않는 존재라고 한다. 기분 좋은 상태를 최대한 유지하고, 고민보다 실행에 더 많은 비중을 두고, 내가 한 일에 대해 반성은 하되 후회에 사로잡히지 않을 수 있다면 사회에서 한 사람의 몫을 제대로 해내는 사람이라는 것이다.[12]

고민보다 실행하는 사람이 되고 싶어서, 반성은 할 수 있어도 후회에 사로잡히지 않는 목회자가 되고 싶어서, 아내와 딸과 함께 새벽에도 밤에도 교회에서 기도하며 고민했다. 지금 생각하면 인생에서 귀한 시간이었던 것 같다. 이때처럼 간절하게 울며 기도했던 시간이 생각나지 않는다. 하지만 성숙한 어른처럼 감정에 휘둘리지 않으며 결정한다는 것은 쉽지 않았다. 그 이유는 한국교회의 온도를 느끼게 한 3가지가 있었기 때문이다.

현재를 고민하다

창업을 계획하는 사람은 이상적인 열정으로만 뛰어들지 않

---

12   하지현, 『고민이 고민입니다』 인플루엔셜

는다. 사업을 하는 이유가 이윤을 남기기 위해서이기 때문에 창업 가능한 환경인지를 철저하게 검토한다. 상권을 조사하고, 시장을 조사한 뒤 입지를 선정한다. 창업 아이템도 현실성이 맞는지 검토한다. 창업의 시기, 가족의 동의, 충분한 기술 습득, 창업 관련 물품 조달 하는 일들 준비해야 할 부분이다. 이에 따라 자금 계획과 사업 계획을 세우고 행정 절차를 진행해 나간다.

교회 문을 닫기 위해서 교회를 개척하는 사람은 없을 것이다. 그렇다면 한국교회의 온도를 냉정하게 느낄 필요가 있다. 내가 체감하는 한국교회의 온도는 차가웠다.

태어나니 아버지가 목사님이었다. 아버지의 목회를 바라보면 시대적으로 풍년이었던 것 같다. 주관적인 관점이니 오해는 하지 않았으면 좋겠다. 내가 기억하는 성도님은 목사에 대한 존경심으로 가득했다. 주일에는 새벽부터 밤까지 헌신하는 성도님들을 흔히 볼 수 있었다. 교회에서 밤새 기도하는 권사님들도 있었다. 삶의 패턴은 교회를 중심으로 돌아갔다. 교회 근처로 이사 오는 분들도 볼 수 있었다. (어렸을 때라 목회자가 한 성도를 위해 흘리는 기도와 눈물은 보이지 않았다)

내가 목사 안수를 받고 목회를 하려던 시점은 흉년이 들기 시작하는 시점이 아니라 꽤 오랫동안 흉년과 기근 속에 있는 것 같았다. 아니 얼어버릴 것만 같았다. 요셉이 총리가 된 뒤 일곱 해는 풍년이 그치고 흉년이 들기 시작한 때이다. 요셉은 하나님이 주신 지혜로 온도를 제대로 느꼈기에 다음 흉년을 준비할 수 있었다.

> "애굽 땅에 일곱 해 풍년이 그치고 요셉의 말과 같이 일곱 해 흉년이 들기 시작하매 각국에는 기근이 있으나" (창세기 41:53-54)

《뉴스앤조이》에서 교단별 총회 보고서를 토대로 2004년부터 2018년까지 15년간 주요 교단 7개 교세 통계를 취합하여 발표했다. 결론부터 이야기하면 주요 교단 7개 교인 수가 정점을 찍고 128만 명 빠졌다고 한다. 우리교회만한 사이즈의 교회 25,600곳이 문을 닫은 꼴이다.

> "교인 수는 교단에 따라 2000년대 후반에서 2010년대 초반까지 정점을 찍은 후 급격히 하락하고 있다. 교단별 최다 교인 수는 예장고신이 2006년 50만 1036명, 기장이 2007년 33만 7570명, 감리회가 2009년 158만 7385명, 예장합신이 2009년 15만

6508명, 예장통합이 2010년 285만 2311명, 기성이 2011년 59만 431명, 예장합동이 2012년 299만 4837명이었다. 교단별로 교인 수가 정점일 때와 가장 최근인 2018년 현황을 비교해 보면, 총 128만 2947명(16.2%)이 감소했다. 인원 수로는 예장합동 (33만 8107명), 예장통합(29만 8084명), 감리회(29만 8074명), 비율로는 기성(26.5%), 기장(25.7%)순이었다." [13]

2019년에는 기장에는 제외한 교단 6곳이 교인 수가 감소했다고 한다. 감리회는 9년 연속, 예장합동은 6년 연속, 예장통합은 4년 연속 교인 수가 감소했다. 올해 959명이 증가했던 기장도 2010년부터 2017년까지 8년 연속 감소한다고 발표했다.

"반면, 목사와 교회는 10년 전에 비해 모두 증가했다. 교단 7곳의 목사는 15년 전보다 평균 55.4% 증가했다(기성은 2008년 기준). 2004년 예장개혁과 교단을 통합한 예장합동 목사 수가 1만 2535명(105.7%) 증가해 가장 많았다. 예장통합 8946명(77.4%), 감리회 2956명(35.6%), 예장고신 1386명(56%), 기장 801명

---

13   《뉴스앤조이》, https://www.newsnjoy.or.kr/news/articleView.html?idxno=225422

(33.5%), 예장합신 989명(66.1%)순으로 늘었다." [14]

성도 수는 교단별로 급속도로 줄고, 교회 수와 목회자 수만 증가하고 있었다. 경제를 전공하지 않은 나도 수요는 줄고 있는데 공급만 늘어가고 있다는 통계가 '건강하지 않다'라는 정도는 짐작할 수 있다.

교단에서는 매년 숫자에 대한 조사를 하지만, 기독교윤리실천운동본부에서는 매년 한국교회의 사회적 신뢰도를 조사한다. '2020 한국교회 사회적 신뢰도 여론조사'에서 국민 10명 중 7명이 교회를 신뢰하지 못한다고 발표하였다. 한국교회가 자신들의 공동체와 교회 성장 외엔 관심이 없고, 재정 운영 전반을 신뢰할 수 없으며, 지도자들과 성도들의 삶 모두 세상 사람들과 다를 바가 없다고 생각하는 것으로 진단하였다. [15]

《뉴스앤조이》가 진학사·유웨이어플라이와 각 대학 홈페이지 등을 통해 주요 교단 산하 대학교 신학과 20개의 2020학년도 정시 입시 경쟁률을 살펴본 결과, 평균 경쟁률은 1.5:1로 나머지

---

14 《뉴스앤조이》, https://www.newsnjoy.or.kr/news/articleView.html?idxno=225422
15 『2020년 교회의 사회적 신뢰도 여론조사 자료집』 기독교윤리실천운동

대학들도 겨우 인원을 채우고 있는 것으로 나타났다. 2020학년도 신학교 정시 입시에서 대학 7개 신학과가 미달을 기록했다고 한다.[16]

통계를 보더라도 교인 수는 줄고 교회와 목회자 수만 늘었다. 한국교회의 사회적 신뢰도는 바닥을 향해 가고 있었다. 이런 현실 속에서 신학교는 '신입생 미달'이라는 최악의 결과를 보여주고 있었다. 통계 속 한국교회 온도는 적정체온을 넘어간 지 오래였다. 온도가 높은 환자를 대하는 의사의 진단적인 접근은 다르다.(고열인 환자일수록) 적정온도를 넘어간 한국교회를 향해 우리는 더 정밀하고 긴급한 진단이 필요하다.

돈을 고민하다

대학원을 마치자마자 아내와 결혼했다. 결혼 후 미국에서 신혼 1년을 보냈다. 다시 한국으로 돌아올 때 즈음, 통장의 잔액은 바닥이었다. 부모님은 작은 교회에서 목회를 하고 계신다. 금수

---

16 《뉴스앤조이》, http://www.newsnjoy.or.kr/news/articleView.html?idxno=226473

저처럼 재정 지원을 받을 수 있는 길은 없었다.

한국에 돌아와 파트타임 전도사로 사역을 하며 70만 원을 받았다. 70만 원으로 아내와 둘이 한 달을 생활하였다. 1년 뒤 풀타임 전도사가 되었을 때는 매달 130만 원을 받았다. 곧 딸이 생겼고, 3명의 가족 구성원이 서울 시내에서 살면서 재정을 모으기란 어려웠다.

개척을 한다고 가정했을 때 통장 잔액은 마이너스는 아니었지만 플러스도 아니었다. 퇴직금으로 받을 수 있는 450만 원이 전부였다. 개척교회 임대 사이트를 알아보았다. '보증금 3,000만 원, 월세 270만 원, 권리금 3,000만 원', '보증금 5000만 원, 월세 150만 원, 시설비 협의'라는 문구들을 볼 수 있었다.

한국에 복음이 처음 들어왔을 때보다 지금은 돈의 노예로 살아가는 사람이 많다. 지금 우리가 살아가는 사회는 자본주의 사회이기 때문이다. 『쉬지 않고 일하는데 나는 왜 이렇게 살기 힘든가』라는 책 제목이 있을 정도로 자본주의는 인간생활의 기반을 물질에 두게 만든다. 도시에 교회를 개척하는 목회자라면 더욱 돈을 고민해야 한다. 돈을 고민하는 목사가 타락했다고 쉽게 단정하지 않았으면 한다. 돈을 제대로 고민하지 않은 목회자가 후에 더 타락하는 모습을 본 적이 있다.

자본주의 사회에서 돈이 없다면 건물을 얻을 수도 없다. 함께 모여서 식사를 할 수도 없다. 전도지 한 장도 살 수 없다. 가정이 있는 목회자는 아내와 자녀에 대한 책임도 있다. 돈은 칼과 같아서 잘못 사용하면 상처가 나기도 해서 제대로 고민해야 한다. 복음이 필요한 도시에 세워진 교회는 돈의 노예가 되지 않기 위해 돈을 제대로 고민해야 한다.

최윤식 박사는 한국교회 잔치는 끝났다고 예견하며 성도 수가 줄어든 뒤 그 다음으로 한국교회 재정의 위기가 올 것이라고 말한다. 성도의 현금, 주식, 암호화폐, 부동산 자산이 무너지면서 교회 헌금이 줄어들 것이고, 헌금 감소는 곧바로 교회 재정 위축으로 연결된다는 것이다.

교회 재정에 위기가 닥치면 사역자를 줄이고, 전도비와 선교비를 줄이고, 주일학교 사역도 위축된다. 부도 위기에 몰리게 되면 부담을 이기지 못한 성도들이 교회를 떠나가게 되고, 교회 부담을 면하기 위해 교회끼리의 합병도 흔해질 것이라고 진단한다.[17] 코로나를 겪으며 건물을 유지할 재정 때문에 무너진 교회를 보면 마음이 아팠다.

---

17   최현식·최윤식, 『앞으로 5년, 한국교회 미래 시나리오』 생명의말씀사

사람을 고민하다

목회자의 선택에서 하나님 다음으로 아내가 중요하다고, 나는 그렇게 믿고 있다. 목회에 가장 큰 조력자이자 멘토이다. 아내는 내가 현실적인 선택을 하길 원했다. 수련목회자를 마치고 바로 부목사로 부임하는 것이었다. 부목사로 부임해서 좋은 목사님께 목회에 대해 더 깊은 가르침을 받는 자리말이다. 당시 딸이 세 살이었기에 자녀를 양육할 수 있는 안정적인 생활도 중요했다. 그러므로 교회 개척을 한다고 했을 때 아내의 동의는 매우 중요하다.

개척을 시작할 때 함께했던 권사님 한 분과 신학생이 있었다. 아무것도 없는 백지 상태부터 함께 교회를 시작한 귀한 동역자였다. 작은 인원이지만 누가 모일 수 있고, 왜 모이는지를 고민해야 했다.

교회는 하나님의 부르심을 받은 사람이 모인 곳이다. 그래서 사람을 고민해야 한다. 예수님이 오병이어의 기적을 일으키실 때 남자만 오천 명을 먹이셨다. 화려한 표적 앞에 많은 사람들이 예수님께 몰려왔다. 그러자 예수님은 무리를 흩으시고 혼자 산으로 가신다.

"그러므로 예수께서 그들이 와서 자기를 억지로 붙들어 임금으로 삼으려는 줄 아시고 다시 혼자 산으로 떠나 가시니라" (요한복음 6:15)

무리들은 욕망과 물질에 기초하여 예수님을 임금 삼으려 하기 때문이다. 보리떡만 채우기 위해 무리들은 예수를 바로 보지 못했다. 수많은 무리가 모이면 숫자에 취해버린다. 칼 베이터스는 교회 성장은 고귀한 목표이자 큰 축복이지만 모든 것을 교회의 수적 성장의 렌즈로만 바라보면 많은 것을 놓치기 쉽다고 말한다.[18] 우리는 사람을 고민하지 않는다. 누가 모였는지? 왜 모였는지?를 고민하지 않고 수적 성장으로만 교회의 목표를 세운다. 숫자가 우리의 자랑이 된다. 우리는 숫자가 아니라 왜 모였는지, 누가 모였는지를 고민해야 한다.

교회 개척을 꿈꾸고 있는 목회자들이 교회의 온도를 재보지도 않고 가슴만 뛰어서 움직이는 것도 문제라고 생각한다. 예수님도 말씀을 가르치시고 4,000명의 무리가 먹을 것이 없어서 기진하며 돌아갈 것을 불쌍히 여기셨다.

---

18 칼 베이터스, 『작고 강한 교회』 생명의말씀사

"내가 무리를 불쌍히 여기노라 그들이 나와 함께 있은 지 이미

사흘이 지났으나 먹을 것이 없도다" (마가복음 8:2)

우리가 느끼는 교회의 온도를 예수님도 느끼고, 마음 아파하
실 것이라고 생각한다. 교회를 사랑하는 사람일수록 회피하지
않고 뼈를 깎는 고통이 있더라도 온도를 느껴야 한다. 예수님처
럼 긍휼히 여기는 마음이 필요하다. 하지만 거짓선지자들은 현
실을 직시하지 않고 이상으로 회피하게 만든다.

"그들이 선견자들에게 이르기를 선견하지 말라 선지자들에게

이르기를 우리에게 바른 것을 보이지 말라 우리에게 부드러운

말을 하라 거짓된 것을 보이라" (이사야 30:10)

희망 고문을 하는 거짓 선지자들은 지금의 온도를 느끼려고
하지 않는다. 예레미야는 울면서 예루살렘이 무너진다고 경고
하지만 그들은 부인한다. 유다는 BC 586년 바벨론에 의해 나라
가 멸망한다.

"하나님께서 이와 같이 말하노라 너희 중에 있는 선지자들에게

와 점쟁이에게 미혹되지 말며 너희가 꾼 꿈도 곧이 듣고 믿지 말라 내가 그들을 보내지 아니하였어도 그들이 내 이름으로 거짓을 예언함이라 여호와의 말씀이니라" (예레미야 29:8~9)

예레미야의 말씀처럼 현실을 직시하지 않는 기복주의 신앙을 거부해야 한다. 70년 동안은 그들이 하나님의 정하신 뜻에 따라 바벨론에서 포로생활을 할 수밖에 없음을 들어야 한다. 현실을 직시하고 하나님의 뜻에 순종하여 살면서 지난날의 잘못을 회개하고 전심으로 하나님을 찾으면, 하나님께서 그들을 다시 회복시키신다는 것이 성경의 메시지이다. 지금 교회들은 이사야와 예레미야의 눈물의 예언을 들어야 한다.

골든타임이 남아 있다

전임으로 사역하는 동안 매우 바쁜 시간이었다. 새벽 3시 50분에 일어나 교회에 출근하였다. 일찍 집에 돌아오면 7시 30분이었다. 월요일도 쉬지 못하는 경우가 다반사였다. 좋은 고민을 하고 싶었지만 누군가를 찾아가고 만날 수 있는 시간이 없었다.

할 수 있는 유일한 길은 책이었다.

고민 속에 만나게 된 책이 있다. 『한국교회 미래지도 2』였다. 앞으로 한국교회의 10년이 마지막 골든타임이라는 것이다. 같은 저자가 2020년 출판한 책에서는 앞으로 5년, 앞으로 3년이 골든타임이라고 말한다. 골든타임의 시간은 점점 줄어들고 있다. 한국교회는 지금 위기이자 변화의 시기이고 새로운 100년을 준비하는 상황에 직면해 있다. 불행하게 지금은 암흑기의 전조이지만 아직 우리에게는 흐름을 바꿀 수 있는 골든타임이 남아 있다고 말한다.[19]

골든타임은 사고가 발생했을 때 환자의 생사를 결정지을 수 있는 수술과 같은 치료가 이루어져야 하는 최소한의 시간이다. 책을 읽고 난 뒤에도 최윤식 박사가 말한 '한국교회의 마지막 골든타임'이란 단어가 뇌리에서 떠나가지 않았다. 생사를 결정지을 수 있는 최소한의 시간에 우리가 할 수 있는 일은 무엇일까? 모든 것은 하나님의 계획 안에 있다. 그리고 하나님은 연약한 우리에게 합력하여 선을 이루어갈 수 있는 동역의 세계로 인도해 주셨다. 하나님이 우리를 초대해 주셨다면 우리가 고민하고

19 최현식·최윤식, 『한국교회 미래지도 2』 생명의말씀사

움직여야 할 책임이 있다.

교회의 온도를 철저하게 느끼며 절망하고 방관하자는 것이 아니다. 요셉이 위기에 다가올 흉년을 지혜롭게 준비했던 것처럼 우리는 고민하고 발 빠르게 움직여야 한다. 한국교회의 미래를 포기할 수 없다.

스물아홉 살에 아무런 연고도 없는 일산에 교회를 개척하였다. 5년이란 시간 동안 나의 고민은 교회였다. 왜 교회일까? 교회가 무엇일까? 세상과 교회의 관계는 무엇일까? 하박국 선지자가 하나님께 질문하였던 것처럼 '교회'라는 단어를 가지고 하나님께 질문하였다.

글로 쓰면 된다

대실패를 하면

『여행의 이유』라는 책을 읽었다. 이 책의 저자 김영하 작가는 글을 쓰기 위해 중국으로 향한다. 하지만 중국에서 글을 쓰기는 커녕 공항에 도착하자마자 서울로 돌아오게 된다. 돌아오기 위해 한 번 더 중국을 왕복하고도 남을 항공권 값을 추가로 지불하고, 숙박비와 식비는 날리고, 추방자가 되어 한국으로 돌아오고 말았다.

그는 자신의 실패담을 독자에게 이야기한다. 중국은 비자가 필요하지 않다고 생각하고 여행을 떠났지만 비자가 필요했던 것이다. 왜 이런 실패담을 글로 남겼을까? 그 이유를 이렇게 고백한다.

"그런 의미에서 작가의 여행에 치밀한 계획은 필요하지 않을 지도 모른다. 여행이 순조로우면 나중에 쓸 게 없기 때문이다. 그래서 나는 어느 나라를 가든 식당에서 메뉴를 고를 때 고심하지 않는 편이다. 운 좋게 맛있으면 맛있어서 좋고, 대실패를 하면 글로 쓰면 된다." [20]

'운 좋게 맛있으면 맛있어서 좋고, 대실패를 하면 글로 쓰면 된다.'라는 한 문장은 새벽기도를 마치고 펜을 들게 된 동기가 되었다.

2016년 1월 일산에서 교회를 개척했다. 김영하 작가의 말을 떠올리면, 메뉴를 고르고 나서 맛있던 적이 손에 꼽을 정도였다. 작은 교회는 하나부터 열까지 혼자 선택하고 실행해야 할 때가 많다. 교회 장의자를 모두 치워버리기도 했고, 교회 이름을 바꾸기도 했다. 그 중에는 하지 말아야 할 '대실패'도 있었다.

20   김영하, 『여행의 이유』 문학동네

교회 개척을 하며 가시적으로 사람들에게 보여주고 싶은 목표가 있었다. 그 목표는 솔직히 숫자와 연결되어 있었다. '몇 년 만에 몇 명이 모였다', '스물아홉 살에 개척한 목사가 이만한 교회를 이루었다', '교회 재정이 벌써 이렇다' 등등 숫자로 나의 정체성을 드러내고 싶었다.

개인적인 목표와 달리 하나님은 '숫자' 옆으로 나를 점점 몰아가시는 것만 같다. 평상시 숫자 옆을 쉽게 지나가는 편이었다. 모태신앙인 나에게 '교회'가 그랬다. 태어나니 집이 교회였던 나에게는 '왜 교회일까? 교회가 무엇일까? 교회가 왜 존재하는가?' 같은 질문은 먼지처럼 지나가는 것들, 아니 보이지도 않았던 질문들이었다.

코로나19로 한국과 교회는 초유의 사태를 맞이했고, 보이지 않던 것들을 보이게 했다. 일상이 깨어져버렸다. 겨울에 잡혀있던 중고등부, 청년부 여름수련회 외부 사역이 취소되었고, 재학 중인 대학원 수업이 연기되었고, 아이들은 몇 달째 정상 등교를 하지 못하고 있다. 이미 비대면사회로 진입하면서 대안 교육에 대해 구체적인 정책들도 제시되기 시작했다. 도서관 관장인 나는 도서관 무기한 휴관을 선포했다가 이대로 정지할 수 없다는 생각에 차선책을 준비하면서 실행하고 있다.

무엇보다 교회의 일상이 깨어졌다. 급기야 함께 모여 예배할 수 없는 상황이 되어 유튜브를 통해 영상으로 예배를 드리기도 하고, 예전처럼 예배를 드리기도 하는 투 트랙으로 교회생활이 바뀌고 있다.

언론에서 코로나19와 함께 자주 등장했던 단어는 '교회'였다. 신천지-교회, 광화문-교회. 한국에서 교회라는 단어에 무엇이 담겨지고 있는 것일까? 유진 피터슨은 '언어'가 우리에게 요구하는 것을 알아보고 그것에 적절하게 반응할 것을 이야기한다.[21] 교회라는 언어는 우리에게 무엇을 요구하고 있고, 우리는 교회라는 단어에 적절하게 반응하고 있는 걸까?

앤디 스탠리는 미국에서 사람들이 '교회'라는 단어를 들을 때 흔히 이런 단어들을 떠올린다고 말한다.[22] 건물, 주말의 행사, 한 주간의 가장 긴 시간, 주일 아침에 벌어지는 부모와의 입씨름, 주일 아침에 벌어지는 자녀와의 입씨름 등. 오히려 미국은 나은 편이다. 한국은 코로나 이전과 코로나 이후로 나눈다고 할 정도로 교회라는 단어의 이미지가 심각하게 변화되었다.

21 유진 피터슨, 『이 책을 먹으라』 IVP
22 앤디 스탠리, 『노스포인트 교회 이야기』 디모데

성전 파괴와 기독교

유대교의 정체성은 성전이었다. 모든 일정이 성전 안에서 드려지는 제사를 위해 맞추어져 있다. 초기 기독교인들도 성전에서 제사를 드리는 유대교의 전통을 지켰다. 유대인으로 태어났기에 성전에서 드리는 제사는 굳어진 일상이었을 것이다. 사도행전 3장을 보면, 유대인 베드로와 요한도 오후 3시에 성전에 기도하러 갔다.

유대인에게 전부였던 예루살렘 성전이 AD 70년 경 로마 장군 티투스에 의해 파괴된다. 성전이 무너지자 성전 안에서 드려지던 제사도 성전 안에서 활동하던 제사장도 의미가 없어지게 되었다. 코로나19라는 바이러스 앞에 건물, 프로그램, 제자훈련, 조명, 찬양팀 등 교회라면 흔히 떠오르는 교회의 일상들이 무의미해졌다.

성전이 파괴되었던 AD 70년 경은 예수님의 제자들도 한 명씩 생을 마감하는 시점이었다. 우리가 믿고 의지했던 구심점들이 사라진 것이다. 코로나19로 교회가 오랫동안 의지했던 구심점들이 철저히 파괴되었다.

하지만 성전 파괴는 기독교 공동체에서 근본적인 변화의 시점이었다. 성전 파괴, 사도들의 죽음을 통해 '기독교는 무엇인가? 왜 우리는 모이는가? 우리는 무엇을 믿는가? 교회는 무엇일까? 왜 교회일까? 예수님은 왜 이 땅에 오셨는가? 하나님 나라는 무엇일까?'에 대해 질문하기 시작했다. '왜?'라는 질문들을 통해 예수님의 가르침을 기억했다. 신앙을 고백하였다. 이것이 바로 성경이다. 이런 작업들을 통해 유대교로부터 기독교가 독립한다.

성전 파괴 후 기독교인들은 예루살렘에서 흩어지며 성전 밖의 사람(헬라인)들과 접촉하기 시작한다. 건물 밖 사람들과 접촉은 복음이 확장되는 계기가 되었다. 건물 밖의 사람들(헬라인)과 접촉하며 그들에게 복음을 증거하기 시작했다. 복음을 증거하기 위해 세상과 길의 긴장감을 느꼈다. 제자들은 포기하지 않고 고민하였고 행동하였다.

코로나19와 교회의 고민

어느덧 의도치 않게 해체라는 터널을 지나가고 있다. 코로나19로 건물 안에서 예배를 드릴 수 없는 상황이 되자, 유튜브를 통해 영상예배를 진행하는 교회들도 등장하였다. 'OBS, 캡쳐 보드, 오디오 인터페이스, 실시간 스트리밍, 온라인계좌' 등 영상예배를 앞두고 처음 접해 보는 단어들과 맞닿게 되었다. '어떤 프로그램을 사용해야 할까? 어떤 플랫폼을 사용해야 할까?' 교회가 발 빠르게 하고 있는 질문들이다.

아내와 함께 미국 동부 지역으로 신혼여행을 갔다. 인상적이었던 곳이 워싱턴 DC에 있는 토마스 제퍼슨 기념관이었다. 토마스 제퍼슨 기념관은 독립선언문의 기초를 만든 미국 제3대 대통령 토머스 제퍼슨을 기념해 건립된 건물이다.

토마스 제퍼슨 기념관에 도착하기 전 가이드를 통해 유명한 일화를 듣게 되었다. 미국의 상징적인 건물 중 하나였던 기념관의 한쪽 벽이 무너지게 된 것이다. 전문가들을 통해 추적을 해보니 이유가 있었다. 벽을 세제로 청소를 하는데 물과 섞는 세제의 독성이 강해서 허물어지기 시작했다고 한다. 독성이 약한 세제를 사용해도 해결이 되지 않았다. 벽에 비둘기 똥이 너무 많은 탓이었다. 똥을 치우기 위해서 강한 세제를 뿌려야만 했다.

비둘기를 없애기 위해 관광객들이 모이를 주는 행동을 금지했지만 문제가 해결되지 않았다. 그 이유는 비둘기가 좋아하는 거미가 많았던 것이다. 행정부에서는 거미를 없애라고 명령을 내렸다. 거미줄을 제거하고 청소를 해도 거미는 또 다시 나타났다. 문제를 또 추적해 보니 거미가 좋아하는 나방이 기념관에 많았던 것이다. '왜 나방이 많을까?' 조명 때문이었다. 토마스 제퍼슨 기념관에 비춰지는 조명이 나방을 모으는 주된 원인이었다. 관광객들을 위해 두 시간이나 먼저 비추었던 조명이 근원적인 원인이었다. 독성 세제를 줄이는 것이 아니라 조명을 두 시간 늦게 켰을 때 비로소 문제가 해결되었다.

코로나 사태로 드러났는데도 교회에 대한 우리의 고민이 독성 세제를 줄이는 데 머무르고 있는 것은 아닐까? 조금 더 고민하는 교회들은 비둘기 똥을 치우기 위해 몸부림치고 있는 것은 아닐까? 온라인 예배 영상을 어떻게 잘 만들까를 고민하는 것도 당장 시급하고 중요한 질문이지만 교회가 가져야 할 본질적인 질문은 무엇일까? 깊은 터널을 지나가며 초기 기독교 공동체처럼 무엇이 교회일까? 왜 교회일까?를 고민해야 한다. 한 작가가 대실패를 하면 글로 남겨야 한다고 했던 것처럼 우리는 근본적인 문제에 대해 글을 써야 한다.

PART 2

Why? ———— 세상에서 이유를 찾다

"교회가 더러워지면 좋겠습니다"

오픈마켓이 잘 되는 이유

어디가 성지일까?

일본 후쿠오카로 목사님들과 선교여행을 갔던 적이 있다. 현지 교회에서 선교사님의 강의를 들을 기회가 있었다. 선교사님은 이런 질문을 던지셨다. "목사님! 솔직히 일본이 싫으시죠?" 갑자기 침묵이 흘렀다. 일본으로부터 식민지 통치를 당한 35년 동안은 한국 사람들에게는 잊을 수 없는 아픔의 시간이었다. 그래서 한국은 일본과 시합은 무조건 이겨야 한다는 국민정서가 있다. 한일전 축구를 하면 국민들은 피터지게 한국이 이기도록 응원을 한다.

선교사님의 질문에 아무도 긍정하거나 부정을 하지 못했다. 선교사님은 울먹이는 목소리로 "저도 일본이 싫어요. 하지만 일본이란 나라를 사랑하지 못하면 복음을 전할 수가 없어요." 선교사님의 울음소리에 고개를 들지 못했다.

선교는 복음이 필요한 지역과 그곳 사람들을 사랑해야 할 수 있다. 사랑하지 않는 선교는 오래갈 수 없다. 긍휼함이 없는 전도자는 예수님이 혼을 내신 바리새인과 서기관처럼 될 수 있다. 옳은 말이 우리를 살리는 것이 아니다. 사랑이 섞인 살리는 말이 우리를 살리는 것이다.

교회로 살아가는 우리는 하늘과 땅의 관계를 고민해야 한다. 하늘과 땅을 연결할 수 있는 경우의 수는 다음과 같다.

- 이 땅에서 이 땅을 사는 사람인가?
- 하늘에서 하늘을 사는 사람인가?
- 하늘에서 이 땅을 사는 사람인가?
- 이 땅에서 하늘을 살아가는 사람인가?

여러분은 어떤 도식으로 살아가고 있는가? 하나님이 우리에게 주신 사명은 '이 땅에서 하늘을 사는 것'이다. 이것이 하나님 나라 백성의 정체성이다. 이 땅에서 하늘을 살기 위해서는 이 땅을 사랑해야 한다. 사랑해야 선교할 수 있다. 죄를 용납하거나 인정하라는 것이 아니다. 세상을 사랑하라는 것이다.

유튜브를 통해 다른 목사님의 설교를 듣다보면 '세상적'이란 단어를 자주 접하게 된다. '세상'이란 단어는 교회 내에서 죄와 동일시된 상투적인 단어가 되어버린 것 같다. 하나님은 세상을 이처럼 사랑하셔서 예수 그리스도를 보내셨지만, 세상은 사랑의 대상이 아니라 적대적인 대상이 되어버린 느낌이다.

초대교회 심각한 이단 중 하나는 영지주의였다. 예수님의 인성을 부정했다. '영'은 선하고 '육'은 부정하게 여겼다. 교회 안은 거룩하고 교회 밖은 부정하게 여겼다. 강단에는 악기도 올라갈 수 없었고, 가운을 입은 목사님만 주일에 단 한 번 올라갈 수 있었다. 교회 안에서는 아이들이 시끄러워도 안 되고, 교회에서는 세상 이야기를 하면 안 된다.

이스라엘로 성지순례를 갔던 적이 있다. '성지'는 거룩한 땅이라는 뜻이다. 막상 예루살렘에 도착하니 '성지'라는 이미지가 깨져버렸다. 관광객을 위한 장사꾼이 호객 행위를 벌이고 있었다. 성지는 예루살렘만이 아니다. 이 땅에서 하늘을 살아내는 모든 곳이 성지이다. 성전은 예루살렘 성전만이 아니다. 예루살렘 성전은 무너진 지 오래되었다. 성령과 함께 살아가는 우리의 일상이 성전이다.

"너희는 너희가 하나님의 성전인 것과 하나님의 성령이 너희
안에 계시는 것을 알지 못하느냐" (고린도전서 3:16)

하지만 교회를 다니는 이들은 구체적인 삶의 현장을 회피하
며 교회로 숨으려 한다. 우리에게 찾아오는 매일의 일상을 하찮
게 여긴다.

필립 얀시는 교회를 대할 때 위를 올려다보고, 주위를 둘러
보고, 밖을 내다보고, 안을 들여다볼 것을 말한다.[23] 우리는 '위'
와 '안'을 보는 것이 익숙하다. 그러나 왜 '주위'와 '밖'은 보려고
하지 않을까? 왜 성전 밖으로 나갈 수 없도록 문고리를 강하게
잠그고 있을까? 위와 안을 제대로 본 신앙인이라면 주위와 밖도
눈을 돌리게 된다. 위와 안을 제대로 본 사도바울은 복음이 필
요한 마게도냐를 향해 나아간다.

장성배 교수는, 교회는 흩어지는 구조를 중심으로 움직여야
한다고 말한다. 예수의 부활을 체험하고 성령에 사로잡힌 사람

---

23 필립 얀시, 『교회, 나의 고민 나의 사랑』 IVP

들이 미친듯이 세상에 나가 부활하신 주님을 증거하는 가운데 교회가 시작되었다는 것이다.[24] 초대교회는 예루살렘 교회로부터 전 세계로 퍼져나갔다. 하지만 많은 교회가 흩어지기보다 개체교회 중심으로 움직이고 있다. 개교회의 자립과 부흥이 교회의 목적이 되어버렸다. 선교는 개교회의 성공을 위한 하나의 프로그램이 되어버렸다.

택배의 나라, 택배기사처럼

목사 안수를 받기 전 수련전도사 시절은 인생에서 가장 바쁜 시간이었다. 바빴던 이유 중 하나는 교회 앞에 마곡 신도시가 들어왔기 때문이다. 마곡 신도시는 LG, 이랜드, 코오롱, 대우조선해양, 에쓰오일, 대학병원, 연구단지 등이 유치되었다. 최근 서울에서 개발된 최대 규모의 신도시이다.

마곡 신도시를 앞두고 많은 교회들이 종교부지에 세워졌고, 한 상가 안에 3개의 교회가 개척되기도 하였다. 섬기던 교회도

---

24 장성배, 『사명을 다하는 교회로 바로 세워라』, KMC

전도에 집중했다. 아파트가 입주되기 전 마곡 신도시를 여리고 성이 쓰러뜨린 히브리인들의 마음으로 21일을 돌기도 했다. 아파트 입주를 점검하는 날에는 용역들을 뚫고 입주민들에게 물티슈를 나누어 주고, 얼음물을 나누어 주기도 했다.

아파트 입주를 앞두고 교회에서 대대적으로 전도강사들을 초청하여 훈련을 받았다. 그 중 내 마음을 위로했던 강의가 있었다. 강사는 이렇게 외치라고 하였다. '전도자는 택배기사이다' 받는 사람이 어떻게 반응하든 물건만 집 앞에 놓고 가는 것이 택배기사라고 전도자의 정의를 내려 주었다. 전도자도 '택배기사'처럼만 하면 된다는 것이다.

이 구호는 당시 나에게 위안이 되는 한마디였다. 목사인 나도 거리에서 전도대상자와 소통하는 것이 두렵다. 축호전도를 나가 종을 누를 때 문을 열고 사람이 실제 나올까 봐 두렵다. 개척을 하고 나서 거리에 자주 나왔으나, 한 번 기쁘면 999번은 긴장된다. 전도세미나에서 '전도는 쉽다'라고 수백 번 입으로 외쳐도 삶으로도 동의가 되는 것은 아니었다. 하지만 상대가 받든 말든 '나는 택배기사이다'라고 다짐하면서 한 시간 전도하고 오면 마음이 편안했다. 전도를 마치고 집에 돌아와 낮잠을 자도 하나님께 미안하지 않은 느낌이었다.

대한민국은 '택배의 나라'라고 해도 무방할 정도로 오프라인 마켓들에게는 위기이고 온라인 오픈마켓들이 강세를 나타내고 있다. 오픈마켓 브랜드 평판에 대한 통계가 매달 나오는데 1위와 2위가 2배 이상 차이가 난다. 1위 오픈마켓 택배업체의 특징 중 하나는 전날 주문하면 그 다음날 물건을 받아볼 수 있다. 부재 중에는 사진까지 찍어 보내 준다. 최근에는 신선한 채소를 새벽에 받아볼 수 있는 시스템까지 만들어졌다. 1위 오픈마켓은 물건을 받는 사람을 철저하게 고려한다. 반대로 받는 사람의 상황을 고려하지 않는 업체는 도태되었다.

현재 택배의 세계는 받는 사람이 어떻든 그냥 물건만 놓고 오는 시대가 아니다. 철저하게 받는 사람이 받고 싶은 시간, 장소, 신선도를 고려한다. 부재 중일 때 경비실에 맡길지, 문 앞에 두고 갈지에 대해서 설정할 수 있다.

우리는 복음이 필요한 사람의 상황을 고려하는가? 사랑한다면 받는 사람의 위치, 시간, 관계, 상태를 고려해야 한다. 무례한 전도자를 세상은 싫어한다.

"무례히 행하지 아니하며 자기의 유익을 구하지 아니하며 성내지 아니하며 악한 것을 생각하지 아니하며" (고린도전서 13:5)

잃어버린 곳까지

성경을 볼 때 헬라어와 히브리어를 공부하기 전에 국어만 제대로 이해해도 많은 부분은 의미를 왜곡하지 않는다고 생각한다. 전도(傳道)는 한자로 '전할 전, 길 도'라는 의미를 가지고 있다. 풀어 보면, 전하기 위해 전할 도가 있어야 하고, 도가 있다면 전할 대상이 있어야 한다. 국어사전에서는 전도를 도리(道理)를 세상(世上)에 널리 전(傳)함으로 정의한다.

예수님을 믿는 사람이라면 전도는 떨어뜨릴 수 없는 단어이다. 신앙인이라면 전도를 어떻게 정의하는지가 참 중요하다. 나는 전도를 길과 세상의 아름다운 접촉이라고 말하고 싶다.

팀 켈러는 '당신이 고속도로를 건설하기 위해 거대한 바위 덩어리를 제거해야 한다면?'[25]이라고 질문을 한다. 답은 우선 장애물인 바위 중심부에 작은 구멍을 내야 한다. 그리고 중심부에 뚫린 작은 구멍에 폭약을 넣어 터뜨리면 고속도로 건설을 방해하는 바윗덩어리는 제거된다. 하지만 구멍만 뚫고 폭발시키지 않으면 바위를 제거할 수 없다. 반대로 폭약을 구멍 중심부

---

25   팀 켈러, 『팀켈러의 센터처치』 두란노서원

가 아니라 바위의 밖에서 폭발시킨다면 바위는 제거되지 않는다. 길이 세상과 접촉하지 않고 있다면 거대한 바위는 제거되지 않는다.

교회는 생명의 공동체이다. 복음에는 능력 있다. 다이너마이트 같은 폭발력이 있다.

"오직 성령이 너희에게 임하시면 너희가 권능을 받고" (사도행전 1:9)

우리의 문제는 권능이 없어서가 아니라, 복음을 바위의 중심부가 아닌 교회 안에서만 신나게 터뜨리고 있다는 것이다. 한국교회는 세계에서 손꼽히게 모이기를 힘쓰는 공동체이다. 모이는데 세계 1등이지만 우리끼리만 열심히 폭약을 터뜨리고 있다. 세상 속에서 교회가 아니라 교회 속에 세상을 만들어 놓았다.

예수님이 이 땅에 오신 이유는 잃어버린 자를 찾아 구원하기 위해서 오셨다.

"인자가 온 것은 잃어버린 자를 찾아 구원하려 함이니라" (누가복음 19:10)

잃어버린 양을 살리기 위해서는 두 가지가 전제되어야 한다. 첫째 양을 '잃어버린 곳까지 찾아가야 한다. 두 번째는 양을 잃어버린 곳에 아무나 가서는 안 된다. 반드시 양을 구할 수 있는 목자가 가야 한다. 하지만 우리는 첫 번째 전제부터 잘못되었다. 잃어버린 양을 찾기 위해 잃어버린 곳으로 가지 않고 있다. 양을 구하기 위해서는 양을 잃어버린 곳으로 가야 한다. 그곳이 절벽 끝일지라도 말이다.

모이는 것에 심취해서 어디에서 양을 잃어버렸는지를 보지 못하고 있다. 선교적 교회 운동을 하는 송준기 목사는 보고 싶은 것만 보고 있는 한국교회를 향해 다음과 같이 말한다. "최소, 최단, 최다"를 추구하는 공장형 사고방식으로 보면 제자화는 비효율적인 일이다. 메가처치 현상의 추종자들은 당장 2천 명이, 주일 대예배 시간에 한자리에 모이는 것을 원한다. 사람은 보고 싶은 것을 본다. 예를 들면 사도행전에서 하루에 3천 명이 회심하는 장면만 보고(행 2:41), 그들이 곧 세상 각지로 흩어지는 것은 보지 못한다(행 8:1).[26]

보고 싶은 것만 보고 있을 때 잃어버린 양은 점점 낭떠러지

26 송준기, 『끝까지 가라』 규장

로 걸어가고 있을 뿐이다. 우리의 눈은 잃어버린 양이 있는 세상을 향해 돌려야 한다. 찬양의 가사처럼 아버지 당신의 눈물이 고인 곳에 나의 눈물이 고이길 원해야 선교할 수 있다. 성경은 전도를 교회 안으로 가라고 말하지 않는다. 복음이 필요한 낭떠러지로 가라고 말한다.

8,000장의 기적

개척교회를 시작하고 내 삶의 큰 글자는 '전도'였다. 스물아홉살의 문화적인 방법으로 지역과 소통하고 싶었지만 인적, 재정의 부족한 현실의 벽이 있었다. 할 수 있는 것은 8,000장의 전도지를 인쇄하여 아내와 거리로 나서는 일이었다.

매주 화요일부터 주일까지 아내와 거리에서 전도하였다. 거리전도를 마치면 아파트단지에 집집마다 전도지를 붙였다. 엘리베이터가 없는 5층 아파트도 땀을 흘리며 전도지를 붙였다. 경비아저씨에게 붙잡혀 혼을 나며 붙였던 전도지를 떼기도 하고, 주민들에게 민원 전화를 받으면서도 전도지를 붙였다.

8,000장의 전도지를 모두 붙였던 날에 기적 같은 일이 일어

났다. 한 명의 성도가 교회를 오고 싶다고 연락이 왔다. 그분은 세길교회 첫 성도로 등록을 한다. 아무리 생각해 봐도 8,000:1의 비율은 환상적이었다. 거리에서 8,000장을 전도지를 나누어 주고 아파트 문 앞에 붙이는 시간은 두 달이 걸렸다. 하지만 두 달에 1명, 8000장에 1명이라면 전도를 할 수 있게 충분한 원동력이 되는 숫자였다.

나와 아내는 전도 부스를 맞추고 전도 물티슈, 전도 볼펜, 비타민, 커피, 매실, 둥굴레차, 부채 등을 가지고 나갔다. 열정적으로 거리로 나섰지만 '8,000: 1'의 전도는 그 뒤로 일어나지 않았다. 노방전도를 하면 오히려 사람들이 걱정을 했다. "요즘도 거리에서 전도 하면 사람들이 와요?" "열정이 있는 것은 좋으신데 걱정이 돼요." "제발 좀 하지 마세요" 솔직히 커피나 차는 카페가 훨씬 맛있었다.

개척교회를 시작한 지 6개월이 지나갈 무렵, 아내가 진지하게 둘째를 갖자고 했다. 아내가 임신을 하면서 유일한 전도의 동역자 아내가 함께 나갈 수 없었다. 결국 188cm, 90kg의 거대한 거구가 혼자 전도지를 들고 거리로 나갔다. 8,000:1을 기대하며 다시 아파트 계단을 올랐다. 전도지를 붙이는데 나도 모르게 눈물이 났다.

전도가 피로하다

현재 교회가 위치한 곳은 일산호수공원, 라페스타 인근 지역이다. 주변에는 정발산역, 주엽역, 백화점, 영화관, 경찰서, 소방서, 세무서, 대형마트가 있다. 이 지역에는 생활 편의시설만 있는 것이 아니다. 예상하는 대로 교회도 많다. 카페가 있는 곳마다 주위를 둘러보면 교회도 있다. 교회 주변 1km 내 교회들을 조사해 보았다. 우선 성도 수가 1만 명이 넘는 교회가 있다. 길 건너 300m 쯤 떨어진 교회에는 시무하는 부목사님만 16명이나 있다. 이외에도 500명 이상 모이는 교회들도 꽤 많았다. 최근에는 교회 주변에 한국에서 가장 큰 몰몬교 건물이 들어왔다.

일산은 1기 신도시다. 도시가 형성된 지 30년이 지났다. 1km 근방에 위에서 말한 교회들은 정해진 요일이 되면 거리에 전도를 하러 나온다. 신천지를 비롯한 이단들도 비가 오나 눈이오나 열심히 거리에 나온다.

하루는 전도띠를 벗고 거리를 홀로 걸어 보았다. 신앙이 없는 사람들이 거리에서 느끼는 전도의 온도는 어떨지 느끼고 싶었다. 한 번은 거리를 걷는 도중에 다섯 교회 전도팀을 만났는데, 여기에 신천지와 하나님의 교회까지 더하면 일곱 팀이다.

다른 종류의 물티슈와 사탕 일곱 개를 받았다. 목사인 나도 사탕을 받으면서 내내 어색하고 불편했다.

거리에서 만나는 사람들은 교회가 나누어 주는 커피와 물티슈에 피로를 느끼고 있었다. 일반화하는 것은 아니다. 캄보디아로 단기선교를 갔을 때 사탕만 나누어 주었는데도 주일에 아이들 200명이 모이기도 했다.

2020년 일산이란 지역에서 사탕은 누구의 마음도 움직이지 못하는 것 같았다. 전도가 끝나면 버려지는 전도지도 많았다. 아파트는 들어가기가 더 어려웠다. 한 번만 더 붙이면 경찰에 신고하겠다는 오피스텔 경비아저씨의 경고에 전도지를 떼기도 하였다.

좋아하는 방식으로

아카데미 시상식에서 영화『기생충』으로 4관 왕을 달성한 봉준호 감독은 인터뷰에서 이런 이야기를 했다.

"무겁고 정치적인 주제를 심각하게 2시간 동안 얘기하는 영화들도 존중합니다. 그것도 또 하나의 방식이겠죠. 저는 그렇게는 못해요. 저는 유머와 코미디 속에 그런 것들이 섞여 있는 것이 좋고, 관객들이 터뜨리는 웃음 속에 날카로운 비수가 숨어 있는 느낌, 그런 게 제가 좋아하는 방식입니다."

하나님의 말씀은 살아있고, 운동력이 있고, 좌우에 날선 어떤 검보다 날카로운 비수이다. 하지만 예수님은 날카로운 비수를 이야기를 통해 말씀하셨다. 이야기는 역동적이었고, 반전이 있었다. 어린이부터 어른까지 참여할 수 있는 모두에게 열린 이야기였지만 누구나 따라갈 수 없는 이야기였다.

예수님이 심각하게 2시간 동안 말씀하셨다면 많은 사람들이 지루해서 유두고처럼 떨어졌을 상상을 해본다. 교회는 날카로운 비수를 어떤 방식으로 전하고 있을까? 우리는 복음을 어떤 그릇에 담고 있을까?

둘째를 임신한 아내는 스마트폰으로 무엇인가를 열심히 하고 있었다. 하루 종일 밖에서 전도를 하고 집에 돌아왔을 때 스마트폰을 하고 있는 아내의 모습을 보면서 한마디 하고 싶었지만 꾹 참고 침묵하였다.

아내는 지역 맘카페 활동을 하고 있었다. 그 당시 맘카페는 회원수만 32만 명을 넘었고 게시글만 해도 3,399,943개를 보유하고 있는 어머니들의 대형 플랫폼이었다. 엄마들은 이곳에서 인생을 상담하고 있었고, 삶의 고민을 토로했다. 3기 신도시 대책도 이곳에서 세웠다. 롯데백화점, 현대백화점도 움직일 수 있는 엄마들의 강력한 힘이 모여 있었다. 엄마들이 움직이면 KBS 9시 뉴스에서도 취재가 올 정도이다.

엄마들은 교회도 여기에서 찾았다. 목사님 설교도 이곳에서 비판했다. 코로나19로 교회들이 어떻게 대처하는 게 좋을지도 이곳에서 토론했다. 이곳에서 아내는 열심히 활동하여 꽤 높은 등급의 아이디를 만들었다.

교회에서 '청소년을 위한 공부법'에 대한 특강을 계획한 적이 있다. 서울대학교를 졸업한 고등학교 친구를 강사로 불러 공부에 대한 특강을 하기 위해 전단지 4,000장을 인쇄하고 아파트에 붙였다. 기대하며 준비했던 특강 당일 청소년은 한 명도 오지 않았다. 전단지 4,000장, 강사비, 무엇보다 밖에서 땀흘렸던 에너지가 철저하게 땅바닥에 떨어지는 순간이었다.

다음으로 교회에서 계획했던 행사는 '엄마를 위한 쿠킹 클래스'였다. 실패감에 젖어 있는 나에게 아내가 사람을 모아 보겠다고 했다. 높은 등급의 아이디를 가지고 있었던 아내가 맘카페에 글을 올렸다. 놀라운 일이 벌어졌다. 글을 올린 뒤 1시간 만에 모든 인원이 모집되었다. 자리가 나면 참여하고 싶다는 댓글이 계속해서 달렸다. 한 달 동안 8,000장을 붙여도 꿈쩍하지 않던 엄마들이 1시간도 안 되어 글 하나에 움직이고 있었다. 그 글 하나가 잃어버린 양들이 모인 곳에 있었다.

아내와 나는 동일하게 움직이고 있었지만 엄청난 차이가 있었다. 아내는 양을 잃어버린 곳에서 찾고 있었고, 나는 양이 없는 곳에서 열심히만 찾고 있었다. 둘다 움직였지만 다른 열매가 찾아왔다. 이 땅에 교회는 많다. 열심히만 움직이는 교회가 있고, 잃어버린 양을 향해 움직이는 교회가 있다.

이방인을 제물로 드리는 교회

사도행전의 핵심이 되는 성경 구절은 사도행전 1장 8절이다.

"오직 성령이 너희에게 임하시면 너희가 권능을 받고 예루살렘
과 온 유대와 사마리아와 땅 끝까지 이르러 내 증인이 되리라
하시니라" (사도행전 1:8)

성령이 우리에게 임하시면 권능을 받아 예루살렘에서 유대
로, 유대에서 사마리아로, 사마리아에서 땅끝까지 증인이 되어
나아간다. 성령의 사람은 넓게, 멀리, 깊게 본다. 하나님은 예수

님의 승천 이후 성령을 통해 교회를 세우셨다. 마가의 다락방에 모여 기도하는 제자들에게 성령의 권능을 부어 주셨다.

우리는 하나님이 마가의 다락방에 성령의 권능을 왜 선물로 주셨는지 질문해야 한다. 하나님이 성령의 기름을 가득 채워 주신 이유는 마가의 다락방 안으로 피할 수 있는 힘을 주신 것이 아니다. 마가의 다락방에서 버틸 수 있는 힘을 주신 것도 아니다. 마가의 다락방을 나와 세상 속으로 담대하게 나아갈 힘을 주신 것이다.

주유소에서 기름을 가득 채운 자동차는 주유소 밖으로 달려야 한다. 목적지를 향해서 달려가야 한다. 기름을 가득 채운 차량이 주유소에 주차되어 있다면 아무리 비싼 차량이라도 심각한 문제가 있는 것이다. 그러나 크리스천들이 교회 밖으로 나아가려 하지 않는다. 우리끼리만 알아들을 수 있는 용어를 사용하며 우리만의 리그를 만든다.

가이사랴는 어디인가

"가이사랴에 고넬료라 하는 사람이 있으니 이달리야 부대라 하

는 군대의 백부장이라"(사도행전 10:1)

사도행전 10장의 무대는 '가이사랴'라는 도시이다. 가이사랴
는 헤롯 대왕이 인조 항구를 축조하여 로마 황제 가이사에게 헌
상한 지중해 연안 도시이다. 로마 총독부가 위치한 팔레스타인
제일의 거대 도시였다. 주민 대다수는 유대인이 아닌 헬라인이
다. 유대인은 그들을 부정하게 여겼지만 복음이 필요한 곳이었
다. 성령은 우리를 마가의 다락방이라는 주유소에서 주유소 밖
가이사랴로 이끄신다.

하나님은 복음이 예루살렘, 유대, 사마리아를 넘어 가이사
랴로 가기 위해서, 세상 속으로, 땅끝까지 가기 위해서 베드로
의 환상 가운데 나타나신다. 베드로에게 커다란 보자기 같은 것
이 땅바닥으로 내려왔는데, 그 안에는 온갖 잡다한 짐승과 파충
류, 새들이 있었다. 이들은 율법에서 더럽다고 일컬어지던 것이
었다. 유대인이었던 베드로는 이런 것들은 더럽고 혐오스러우
며 먹을 수 없다고 배워 왔다. 그런 베드로에게 주님이 말씀하
신다. "잡아 먹어라."

"그 안에는 땅에 있는 각종 네 발 가진 짐승과 기는 것과 공중

70

에 나는 것들이 있더라 또 소리가 있으되 베드로야 일어나 잡
아 먹어라 하거늘 베드로가 이르되 주여 그럴 수 없나이다 속
되고 깨끗하지 아니한 것을 내가 결코 먹지 아니하였나이다 한
대"(사도행전 10:12-14)

베드로는 거부한다. "깨끗하지 아니한 것은 결코" 먹을 수 없
다는 것이다. 유대인이었던 베드로는 율법에 갇혀, 성전이라는
주유소에 갇혀 나아가려 하지 않았다. 많은 크리스천들이 복음
의 폭약을 가지고 있으면서도 바위 속으로 나아가지 않는다. 율
법이라는 테두리에 갇혀 있다. 교회 안에만 갇혀 있다. 복음이
필요한 것은 '가이사랴'이지만 내게 익숙한 정통과 율법에 갇혀
있는 것이다.

스티븐 엄·저스틴 버자드는 기독교 세계관을 버리거나 숨기
지 말고 도시 속으로 들어가 상황하기를 예수님이 요구하신다
고 말한다.[27] 도시 속으로 들어가 상황화를 한다고 세계관을 버
리는 것이 아니다. 잃어버린 양을 구하기 위해 가이사랴로 가
는 것이다. 팀 켈러는 우리가 상황화로 전도하기 위해서는 문화

---

27   스티븐 엄·저스틴 버자드, 『도시목회 가이드』 두란노서원

속으로 들어갈 것을 말한다. 우리가 속한 문화 속에서 균형있게 상황화를 하고 사람들에게 성공적으로 전도하기 위해서는 문화를 공감하면서 문화 속으로 들어가야 한다. 그리고 문화가 성경적 진리와 충돌하는 곳에서 문화에 맞서야 한다. 이 두 가지 모두 필요하다."[28]

예배를 통해 성령의 능력을 받으면 세상 속으로 나아가야 한다. 최근 한국 크리스찬들의 문제를 진단하며 나온 단어 중 하나가 '예배 중독'이다. 새벽부터 밤까지 교회에서 예배드리는 것은 잘하지만 복음을 가지고 세상으로 나아가지 못하는 것이다. 가족에게, 친구에게 일상으로 나아가지 못한다.

새벽기도를 마치고 집에 가려 하는데 한 청년이 교회를 방문했다. 교회와 같은 건물에 있는 회사에 첫 출근하는 청년이었다. 커피를 마시며 대화하다가 알고 보니 김포에서 교회를 다니는 청년이었다. 청년은 어젯밤 12시까지 교회에서 봉사해서 너무 피곤하다는 이야기를 자랑하듯이 말했다. 나는 이 말을 듣자마자 어디에서 용기가 났는지 이런 말을 내뱉었다. "첫 출근 축하드려요! 그런데 직장에서 절대 졸지 마세요! 크리스천은 교회

28 팀켈러, 『팀켈러의 센터처치』 두란노서원

에서 열심히 봉사하는 만큼 세상에서는 더 성실해야 해요."

가이사랴는 세상이고 도시이다. 도시는 복합적인 곳이다. 도시 안에는 상상할 수 없는 죄악된 모습들이 있기도 하다. 그래서 우리는 베드로처럼 "더럽다, 속되다"고 말한다.

"또 두 번째 소리가 있으되 하나님께서 깨끗하게 하신 것을 네가 속되다 하지 말라 하더라" (사도행전 10:15)

베드로는 세상이 더럽다고 말하지만 하나님은 이렇게 말씀하신다. "하나님께서 깨끗하게 하신 것을 네가 속되다 하지 말라" 하나님은 세상을 사랑하셨다. 도시는 하나님의 손길을 통해 구원할 대상이다.

"하나님이 세상을 이처럼 사랑하사 독생자를 주셨으니"(요한복음 3:16)

전초 기지 안디옥

우리가 복음을 전하려면 도시를 사랑해야 하고, 도시 속으로 들어가야 한다. 가이사랴에서 사도행전의 카메라는 안디옥을 향해 나아간다. 안디옥은 지금의 터키로, 지중해와 동방의 지역을 잇는 대도시이다. 그곳에도 교회가 세워졌다. 안디옥교회는 사도행전의 후반전을 써 내려가는데 핵심이 되는 교회이다.

초대교회는 스데반의 일로 흩어지게 되었다. '스데반의 일'은 사도행전 7장에서 유대인이 복음을 전하는 스데반에게 돌을 던져 죽인 사건이다. 복음을 전하고, 기도하고, 사랑을 나누는 초대교회에 커다란 핍박이 다가왔다. 이 일로 예루살렘에 있었던 성도들은 흩어지게 되었고, 흩어짐으로 하나님의 섭리 가운데 안디옥에 교회가 세워졌다. 안디옥은 당시 인구가 50만 명이 넘는 로마에서 세 번째 대도시였다. 동양의 로마라고 할 수 있는 도시에 세워진 안디옥교회는 아시아와 유럽, 땅끝까지 복음을 전하는 선교의 전초 기지가 되는 역사가 일어난다.

"그 때에 스데반의 일로 일어난 환난으로 말미암아 흩어진 자들이 베니게와 구브로와 안디옥까지 이르러 유대인에게만 말

씀을 전하는데" (사도행전 11:19)

안디옥으로 흩어진 성도들이 하나님의 말씀을 전하는데 유대인에게만 하나님의 말씀을 전하고 있다. 유대인에게 익숙한 것은 유대인이다. 교회 안에 있는 사람들은 교회 안에 있는 사람들이 익숙하다. '우리는 하나님께 나를 사용하여 주소서'라고 찬양하고 기도하지만 진짜 사용하여 주실까 봐 겁을 낸다. 그래서 대부분의 성도들이 교회 밖을 나가려하지 않고 우리끼리만의 모임에 열심히 에너지를 쏟고 있다.

"그 중에 구브로와 구레네 몇 사람이 안디옥에 이르러 헬라인에게도 말하여 주 예수를 전파하니" (사도행전 11:20)

대부분 유대인이 유대인에게만 말씀을 전했지만 몇 사람은 헬라인에게도 말씀을 전했다는 것이다. 하나님의 일은 몇 사람을 통해서 일어난다. 헬라인은 유대인과 생각하는 사고가 전혀 다르다. 유대인은 유일신의 사고를 갖고 있지만 헬라인은 그리스 철학의 영향을 받아 다양한 신을 인정하는 문화이다. 유대인은 헬라인을 무시하고 경멸했다. 그래서 그들에게는 말씀을 전하지 않았다.

"주의 손이 그들과 함께 하시매 수많은 사람들이 믿고 주께 돌

아오더라" (사도행전 11:21)

성경은 헬라인에게 복음을 전하는 순간에 주님의 손이 함께
하신다고 말한다. 주의 손은 하나님의 능력을 나타내는 상징적
인 표현이다. 주님의 손은 성전 밖에 있는 헬라인들에게 복음을
전하는 데 있다는 것이다. 복음은 하나님과의 관계가 무너진 이
들을 위한 기쁜 소식이기 때문이다.

제사에서 중요한 것은 제물이다. 예배자는 하나님이 기뻐하
시는 제물을 드리는 것이 중요하다. 하나님이 기뻐하시는 제물
은 아담이 바쳤던 양의 새끼가 아니다. 바로 이방인이다.

"…이방인을 제물로 드리는 것이 성령 안에서 거룩하게 되어

받으실 만하게 하려 하심이라" (로마서 15:16)

이방인을 제물로 드리는 것을 하나님이 가장 기뻐하신다는
것이다. 사도행전으로 적용하면 복음이 필요한 헬라인에게 복

음을 전할 때 주님의 손이 함께 있었다는 것이다. 탕자의 아들이 돌아올 때 아버지가 가장 기뻐했지만, 형은 싫어했다. 베드로는 네 발 달린 짐승이며, 파충류, 새들을 더러워서 먹을 수 없다고 했다. 헬라인은 교회 오면 안 된다고 생각하는 것이다. 탕자의 형과 같이 신앙생활을 하는 사람은 베드로가 고넬료에게 복음을 전했을지라도 무할례자와 함께 그런 음식을 먹었다고 해서 베드로를 비난한다.

주의 손이 함께하는 교회는 반드시 부흥한다. 안디옥교회 성도들의 구성원을 보면 유대인 바나바가 있었고, 노예 출신이었던 흑인 시므온이 있었다. 배경도 없는 구레네 사람 루기오도 있었다. 매국노라 생각했던 헤롯의 젖동생 마나엔, 그리고 교회를 핍박했던 폭도 바울이 있었다. 그러나 이들은 복음 안에서 하나되어 안디옥교회 성도가 되어 있었다. 이것이 주님의 손이 함께하는 교회의 모습이다.

사도행전이 쓰인 시대는 계급 사회였다. 계급사회에서 노예와 주인이 하나가 되어 밥을 먹고 예배한다는 것은 전혀 말이 되지 않는 이야기이다. 매국노였던 자들과 같이 있다는 것은 말이 안 되는 이야기이다. 그러나 안디옥교회는 가능했다. 성령이 함께하고, 주님의 손이 함께하였기 때문이다.

왜 흩으셨을까?

서방교회와 동방교회가 모여 교회가 무엇일까 고민했다. 끊임없는 고민과 토론 속에서 나온 열매가 '니케아 콘스탄티 노플 신조'이다. 교회를 이렇게 정의했다. 교회는 '하나의 교회, 거룩한 교회, 사도적인 교회, 보편적인 교회'이다. 교회가 보편적이라는 것은 헬라인 시므온, 구레네 사람 루기오, 매국노라 생각했던 헤롯의 젖동생 마나엔, 교회를 핍박했던 폭도 바울도 함께할 수 있는 교회이다.

지금 한국교회는 보편적인 교회일까? 주님의 손이 함께하는 교회일까? 촛불만 모인 교회, 태극기만 모일 수 있는 교회, 호남 사람만 모인 교회, 경남 사람만 모인 교회, 젊은이들만 갈 수 있는 교회, 의사들만 모이는 교회를 자랑한다. 이것이 성경이 말하는 진정한 교회일까? '~만' 올 수 있는 교회가 아니라 '~도' 올 수 있는 교회가 교회다.

안디옥교회는 귀족과 천민이 아무런 차별 없이 함께 예배하고 식사를 하고 성찬을 하였다. 그것은 교회의 본질이 그들에게 살아 있었기 때문이다. 교회의 본질이 무너질 때 하나님은 예루살렘교회를 흩으셨다. 닐콜은 안디옥교회와 예루살렘교회의 가장 큰 차이가 선교에 있다고 말한다. 안디옥교회는 교회 밖 세상에 눈을 돌렸다. 예루살렘 교인들은 자신의 소유를 팔아 교인만 도왔지만 안디옥교회는 멀리 떨어진 지역 사람에게도 도움의 손길을 뻗쳤다. 안디옥교회가 외부로 시선을 돌릴 줄 알았기에 모교회인 예루살렘보다 훨씬 더 강건한 교회가 될 수 있었다는 것이다.[29]

사도행전이 바라본 가이사랴, 안디옥의 세상을 보았다. 건강한 교회는 함께 모여 마가의 다락방에 임한 성령을 경험한다. 그리고 다이너마이트 같은 성령의 능력으로 가이사랴, 안디옥을 향해 나아간다. 이것이 성경이 말하는 교회이다. 우리는 성령의 능력을 받아 세상을 향해 나아가야 한다. 주유소를 박차고 세상으로 달려가야 한다.

---

29 닐콜, 『교회 3.0』 스텝스톤

교회 플랫폼

정거장이 바뀌었다

구글, 아마존, 애플, 알리바바, 네이버의 공통점은 플랫폼을 기반으로 움직이는 회사들이다. 이들은 정거장을 바꿨다. 수요자가 모인 곳이 정거장이 되었다. 많은 사람들이 모이는 서울역에서 지하철만 탈 수 있는 곳이 아니라 쇼핑도 할 수 있고, 맛있는 음식도 먹을 수 있는 플랫폼을 만들었다. 새롭게 바뀐 플랫폼에서는 뜻밖의 일들이 일어나고 있다.

교회는 정거장을 어디에 놓고 있을까? 그동안 많은 교회들이 사람들이 모여 있는 곳에 정거장을 만들기보다 건물 안에 세상 사람들이 알아듣지도 못하는 언어의 정거장을 크게 만드는 데 에너지를 기울였다. 그것도 은행에 많은 빚을 내면서 말이다. 교회 울타리에서만 지내느라 복음과 연결되어야 할 불신자와 접촉하지 않는 것이다.

불신자와 접촉하지 않는 것이 성경이 말하는 거룩일까? 거룩은 불신자와 접촉하지 않는 것이 아니라 하나님과 함께하는 것이다. 닐콜은 사탄이 전통적인 교회를 은근히 더 좋아하는 이유를 사람들이 세상에서 분리되어 안주하고 있기 때문이라고 말한다. 새신자가 세상과 어울리지 않게 만든다. 세상으로부터 고립되게 만드는 것이다.[30] 어느 순간 교회가 세상 안에 외딴 섬이 되어버렸다. 고립된 섬에서는 세상이 교회로 건너올 수도 교회가 세상으로 건너 갈 수도 없다.

『사명을 다하는 교회로 바로 세워라』는 책에서 교회의 두 가지 이미지를 설명한다. 하나의 이미지는 교회는 '구원의 방주'라는 것이다. 구원의 방주의 이미지가 말하는 교회의 존재 목적은 악한 세상에서 죽어 가는 사람들을 교회 안으로 피신케 하여 생

---

30   닐콜, 앞의 책

명을 구하는 것이다. 이러한 교회관은 세상과 교회를 이분법적으로 나눈다. 이 세계관은 교인을 모으는데 효과적이었다. 하지만 세상과 단절된 교인들은 세상과 단절됨으로 복음을 전할 기회를 잃어버린다. 두 번째 교회의 이미지는 증인 공동체이다. 증인은 세상이 도피하는 곳이 아니라 변화시켜야 하는 대상이다. 그래서 증인 공동체는 세상을 하나님 나라의 복음으로 변화시켜 가는 일들을 한다.[31] 그런데 우리는 교회가 '증인 공동체'가 될 수 있게 해달라는 기도를 하기보다 '구원의 방주'만 될 수 있게 해달라고 기도한다. 구원의 방주를 넓히는데 에너지를 쏟고 있다.

레슬리 뉴비긴은 교회가 종말론적이고 선교적인 관점을 잃어버리면 교회가 할 일을 악한 세대에서 각 사람을 구출하고 다가올 세상을 위해 안전하게 보존하는 것으로만 생각하게 된다고 말한다. 이런 생각이 팽배해지면 교회의 일차적 의무는 자기 교인을 돌보는 일이 되고, 바깥에 있는 자들에 대한 의무는 이차적인 것으로 밀려난다는 것이다. 레슬리 뉴비긴은 이것은 성경이 말하는 온전한 구원을 염두해 두지 않기 때문에 발생한다고

---

31 장성배, 『사명을 다하는 교회로 바로 세워라』 KMC

말한다.[32] 교회가 온전한 구원을 회복해야 한다. 교회는 내향적인 자세에서 벗어나 외향적 태도로 전환이 시급하다.

오직 기도만 해도 될까?

개척교회를 시작하기 전 한 목사님 부부를 만났다. 개척의 경험이 있었던 목사님은 이런 저런 조언을 해주셨다. 부흥하는 교회가 되기 위해서 목사님은 기도만 해서는 안 되니 리더십도 배우고 세상의 흐름도 잘 알라고 조언하셨다.

그 이야기를 듣던 사모님이 화를 내셨다. 목사님이 믿음이 없는 것 같다며 자신은 교회 개척 시기에는 오직 기도만 했다고 하신다. 새벽부터 밤까지 집에도 가지 않고 몇 날 몇 일을 교회에서 있었던 적도 있다고 간증하셨다. 오직 기도만 했기에 지금의 우리교회가 있다고 하셨다. 그날 상반된 두 분의 이야기를 들으며 난처했던 기억이 있다.

'오직 기도만'일까? vs 기도만 해서는 안 될까? 성경에서는

---

32   레슬리 뉴비긴, 『교회란 무엇인가』 IVP

'쉬지 말고 기도하라' '기도 외에 이런 유가 나갈 수가 없다'고 분명히 말하고 있다. 부르짖으며 통성으로 기도를 해서 목소리는 쉬었는데 성적은 엉망이고 직장에서 관계가 좋지 못한 성도들을 간혹 보게 된다. 열심히 예배를 드리고 집으로 가는 길 차 안에서 관계가 틀어지는 가정들이 있다. 기도할 때 부모님의 모습과 집에서 모습이 너무도 달라 자녀들은 혼란을 겪고 있다. 이런 모습들을 보면서 기도만 해서 되겠느냐는 비판이 나오는 것 같았다.

나는 '오직 기도' '쉬지 말고 기도하라'를 믿는 사람이다. 문제는 '오직 기도'를 교회 안에서 눈감고 있는 공간과 시간으로만 한정시켜 버리는 기독교인의 이분법적인 태도에 있는 것이다. 공부를 하는 것도 하나님과 연결되어야 한다면 기도이다. 직장을 다니는 것도 하나님과 관계되어 있다면 기도이다. 물론 교회에서 무릎을 꿇고 집중해서 하는 기도야말로 하나님과 연결되어 있을 때 놀라운 역사가 일어나는 시간이다.

그러나 기독교인들의 교회 안과 세상을 분리시키는 이분법적인 태도가 기도의 능력을 잃어버리게 만드는 것이 아닐까. 우리는 쉬지 말고 하는 기도를 회복해야 한다. 교회 밖에서도 쉬지 말고 기도하는 사람이 되어야 한다. 직장에서 대화할 때 예수님께 이야기하듯 말해 보라! 자녀들에게 성령님과 이야기하듯이 이야기해 보라! 공부할 때 하나님의 마음으로 집중해 보라! 삶에서도 기도해야 한다.

카라멜마키아토

대학교 1학년 때 학교 선배와 처음 스타벅스에 갔던 기억이 있다. 당시 쓰디쓴 커피를 돈 주고 마시는 사람들을 이해할 수 없었다. 선배가 커피 한 잔을 사 준다고 했고, 나는 커피가 써서 마시기 어렵다고 했다. 선배는 웃으면서 시럽과 따뜻한 우유가 섞여 있는 카라멜마키아토를 마시면 괜찮을 것이라고 추천해 주었다. 처음 맛본 카라멜마키아토는 지금도 잊을 수 없다. 그때부터 시럽, 우유와 함께 간접적인 방법을 통해 커피와 접촉하기 시작했다. 지금은 하루에 세 차례 정도 드립으로 커피를 내려 마실 정도로 애호가가 되었다.

크리스토퍼 스미스는 복음을 커피콩에 비유하여 설명하였다. 우리가 커피콩에서 직접적으로 커피를 맛볼 수는 없다. 커피콩을 볶고, 가루로 빻은 후 뜨거운 물을 흘려보내 간접적인 방법으로 커피를 즐긴다. 나도 교회에 출근하면 가장 먼저 하는 일이 커피콩을 갈아 뜨거운 물을 흘려보낸다.

때로는 사람의 기호에 맞게 얼음을 넣기도 하고, 따뜻한 우유와 시럽을 섞기도 한다. 이것이 아이스 아메리카노, 카페라떼이다. 커피콩만으로 커피를 즐길 수 없기에 커피를 마시는 사람의 기호에 맞게 간접적인 방법으로 커피를 맛보게 된다. 하지만 아무런 공정 과정을 거치지 않은 채 곧 바로 복음의 기쁨을 소유하려는 것은 커피콩만을 갖고서 커피의 맛을 느끼려는 미련한 짓이라고 저자는 이야기한다. 복음의 역설은 우리가 뜨거운 불을 통과하고 가루로 부수어져 서로에게 흘러가는 간접적인 방법을 통해서 진정한 기쁨을 누릴 수 있다는 사실이다.[33]

우리는 크리스토퍼 스미스가 지적한 것처럼 아무런 공정 과정을 거치지 않은 채 커피콩만으로 복음을 전하려 하고 있다. 커피콩만을 가지고 커피를 맛볼 수 없다. 거리에서 '예수천당 불신지옥'이라고 소리치지만 사람들은 시끄럽다고 한다. 커피콩을 볶지도 갈지도 않은 채 자신을 돌아보지 못하고, 사람들이 복음을 받아들이지 않는다면서 좌절감에 빠져 있다. 삶이 쓰디쓴

---

33 크리스토퍼 스미스·존 패티슨, 『슬로처치』 새물결플러스

사람에게는 우유를 타서 부드럽게 커피를 마실 수 있도록 배려해야 한다. 카페라떼로 시작한 사람이 아메리카노를 마실 수 있게 되고, 더 깊은 커피의 맛을 원하는 사람은 에스프레소로 변화되게 된다.

제자들이 예수님을 만나자마자 십자가를 진 것은 아니다. 표적도 보았고, 변화산 체험도 하였고, 예수님과 이야기하면서 맛있는 음식을 나누어 먹었다. 예수님을 배신하기도 하였다. 하지만 과정을 통해 성화된 제자들은 세상을 향해 나아갔다.

어떻게 세상과 접촉하나?

세길교회는 고양시 승인을 받아 〈The행복한 도서관〉을 개관하였다. 도서관은 청소년과 대학생이 봉사할 수 있는 참여의 길을 열어 고양시 자원봉사 수요처로서 인증을 받았고, 청소년, 청년, 어머니들이 학습에 참여할 수 있는 고양시 평생학습카페로도 인증을 받았다. 그러자 매일 어린이, 중·고등학생, 대학생, 어머니들이 도서관을 찾아오기 시작하였다. 코로나 기간에도 한 주도 끊이지 않고 학생들이 찾아왔다.

도서관에서는 청소년들에게 전도지에 초코파이를 붙여 나누어 주어도 무시하며 지나가던 거리의 사람들과는 달랐다. 정반대의 일이 벌어졌다. 자원봉사센터에 도서관 봉사 공지를 하면 도서관 봉사에 참여하고 싶다는 전화가 100통이나 오기도 했다.

도서관에서는 세상과 접촉할 수 있는 시간들을 만들었다. '공감 대화' '나를 찾아가는 에니어그램' '결혼 에프터서비스' '엄마를 위한 성교육' '청년 콘서트' '부부 공감 대화' '나를 찾는 어린이 독서 모임' '사진을 통해 나를 찾아가기' '파닉스 영어교실' '동화로 배우는 어린이 영어' '곤충 관찰' '기타 교실' '공부 어떻게 할 수 있나요?' '원어민 영어교실'의 시간을 준비하게 되었으며, 참여한 분들의 만족도도 높았다.

일산은 학부모들이 교육에 관심이 많은 도시이다. 반면 자녀들은 부모님의 교육에 대한 압박으로 인한 상처가 많다. 도서관에서는 다음세대를 살릴 수 있는 프로그램들도 계획하였다. 'Sky 캐슬 저항하기'라는 프로그램은 참가자들의 호응이 컸다. 일산에서 재수하며 입시를 준비했던 성균관대학교 학생과 대전 과학고에 진학한 학생들을 초청하여 공부에 대한 고민과 아픔을 공유하는 시간을 가졌고, 2시간의 질의응답은 그 시간을 더욱 풍성하게 했다. 학교생활, 입시, 진로 등 끊이지 않는 질문 속에 금세 시간이 지나갔다. 한 친구는 눈물을 흘리며 이야기를 나누기도 했다. 이러한 나눔의 시간은 세상과 접촉점을 찾는 시간이었다.

도서관에서 봉사를 모집하며 학생들에게 은사에 따라 일을 맡기기 시작했다. 어린이집 선생님이 되기 원하는 친구들은 어린이 책 읽기, 미술입시를 준비하는 친구들에게는 그림교실, 음악을 전공한 대학생은 기타교실, 초등학교 선생님으로 준비하는 학생들에게는 교과목을 가르치도록 연결하였다.

다음은 도서관에서 봉사했던 청년이 보내온 문자이다.

"목사님 안녕하세요? 봉사했던 자매입니다. 감사하게도 도서관 봉사 끝나고 몇 주 뒤에 바로 입사하게 되었어요. 아직 수습이라 3개월 뒤에 어떻게 될지 모르겠지만 그래도 부족한 저를 쓰신 하나님께 감사하는 마음으로 헌금 드렸습니다. 도서관 봉사하면서, 끝나고 나눔 하는 모든 시간이 제게 너무 귀하고 잊지 못할 순간이었어요. 그때 그 감사함 잊지 않고 일터에서 겸손하게 살아갈 수 있도록 중보해 주시면 정말 감사하겠습니다. 사모님께도 안부를 전해주세요. 좋은 저녁 되세요."

사람들은 의미 있는 일을 하고 싶어했다. 도서관은 의미 있는 일들과 학생들을 연결하는 작업을 지속적으로 하고 있다.

지역마다 답이 다르다

복음을 전하기 위해서는 세상이 어떤 것을 필요를 하고 있을까 질문하고 고민해야 한다. 이 질문과 고민 없이는 열정은 있지만 열매 없는 헛수고를 할 수 있다. 스티븐 엄·저스틴 버자드는 도시를 향해서 다음과 같은 질문들을 하라고 권면한다. 여러분이 속한 도시에서 이 질문을 진지하게 해보고 노트에 적어보길 바란다.

첫 번째: 당신의 도시는 어떤 역사를 지니는가?

두 번째: 당신의 도시는 어떤 가치관을 지니는가?

세 번째: 당신의 도시는 어떤 비전을 지니는가?

네 번째: 당신의 도시는 어떤 두려움을 지니는가?

다섯 번째: 당신의 도시는 어떤 관습을 지니는가?[34]

34   스티븐 엄·저스틴 버자드, 『도시목회 가이드』 두란노서원

세길교회는 우주정거장에 있는 무중력 상태에서 개척된 교회가 아니다. 일산이란 구체적인 지역에 개척된 교회이다. 일산은 1기 신도시다. 도로는 반듯하고, 아파트, 오피스텔, 상가로 도시가 가득 채워져 있다. 호수공원, 생활편의시설, 방송국, 킨텍스, 대형마트 등이 자리하고 있는 생활하기에 편리한 도시이다.

일산에 이사해서 딸의 어린이집을 등록하려 하는데 선생님이 이렇게 물어보셨다. "몇 단지 사세요?" 당시 교회 내 상가에서 살고 있었던 나에게는 당황스런 질문이었다. 이런 질문이 나올 수 있는 것은 일산이란 도시가 규격화되어 있고 조직화되어 있는 특수성 때문이다. 복음을 전하기 위해서는 복음을 전할 지역이 어떤 곳인지 질문해야 한다. 이 고민 없이 복음을 전하러 나가면 커피콩만 가지고 거리로 나가는 우를 범하는 것이다.

하나님은 요나에게 니느웨로 가서 복음을 선포하라고 말씀하신다. 요나는 니느웨가 어떤 도시이고, 어떤 가치관을 지녔고, 어떤 비전을 지니는지, 어떤 두려움을 지녔는지, 어떤 관습을 지녔는지 고민하지 않았다. 오히려 이방인 앗수르에 반감을 가지고 니느웨로 나아갈 때 요나의 사역은 분노와 좌절에 휩싸인다. 유진 피터슨은, 목회는 니느웨처럼 지역을 기반으로 해야 함을 강조한다. 목회가 어려운 것도 복음은 보편적이지만 우리의 일은 시간과 공간의 제약 가운데 있다는 것이다. 하지만 하나님은 우리를 세상으로 나가서 구체적 지역으로 들어가 피조물에게 복음을 선포하라는 명령을 하셨다.[35] 그렇다면 우리는 하나님의 명령에 순종하여 니느웨를 향해 나아가야 한다.

상황화를 위한 질문은 지역마다 답이 달라야 한다. 복음의 본질은 변하지 않지만 상황은 시대와 지역마다 다르다. 갈라디아서, 로마서, 고린도전서, 데살로니가전서, 빌립보서 모두 저자는 같아도 내용도 분량도 다르다. 고린도교회에 보낸 고린도전서와 고린도후서는 동일한 교회여도 내용이 다르다. 복음의 본질은 같지만 지역과 세대는 다르기 때문이다.

세길교회가 도서관을 통해서 세상과 접촉한다 해서 모든 교회가 도서관을 하는 것에 반대한다. 카페교회가 잘된다고 해서 모두가 카페교회를 하는 것도 반대한다. 온라인예배가 가능한 세대가 있고 가능하지 않은 세대가 있다. 그러나 우리는 구체적 상황에 질문을 던지기보다 유행하는 프로그램처럼 교회에 도입하려 한다. 로마교회와 우리교회는 다르다. 우리교회는 우리교회일 뿐이다.

---

35 유진 피터슨, 『목회자의 소명』 포이에마

복음은 빈틈으로

복음은 빈틈으로 스며든다. 시간이 걸리더라도 하나님이 우리를 부르신 니느웨의 빈틈에 귀를 기울여야 한다. 몇 년 동안 일산에서 빈틈이 눈에 보이지 않았다. 반듯한 계획도시 일산에 펼쳐진 아파트, 오피스텔마다 비밀번호로 문이 닫혀 있어서 들어가기가 힘들었다. 처음에는 보이지 않았던 빈틈이 세상을 사랑하고 기도하며 나아갈 때 희미하게 보이기 시작하였다.

일산은 베드타운이란 별칭이 있을 정도로 생활하기에 편리한 인프라가 구축되어 있다. 교육에도 관심이 많은 부모들이 많다. 겉으로는 반듯한 도시이지만 한 발만 안으로 들어가 가정을 보면 남편과 아내가 말을 하지 않고 있고, 부모와 자녀 사이가 소통이 되지 않는 가정들이 많았다. 자녀교육에 대한 관심은 높지만 가정 안에서 관계의 문제는 해결되지 않았다. 식당에서 밥을 먹을 때 가족들은 대화하지 않고 스마트폰만 보고 있는 모습을 흔히 볼 수 있다. 나도 일산에서 두 아이를 양육하며 어려움들이 있었다.

가족은 하나님의 귀한 선물이다. 하지만 많은 부모가 아빠, 엄마, 가정, 성에 대해서 배운 적이 없었다. 운전을 하기 위해서도 운전면허 학원에서 교육을 이수하는데 우리는 아빠, 엄마가 되기 위한 건강한 교육을 접해 보지 못했다.

도서관에서 30-40대 가정을 위해서 기도하고 '공감대화'라는 주제로 4주간의 일정으로 프로그램을 열었다. 처음에는 4명의 30, 40대 어머니들이 모였다. 4주간의 모임으로 마무리를 하려고 하는데 한 어머니에게 연락이 왔다. "목사님, 공감대화에 대해서 더 배우고 싶어요. 카페에 홍보해서 사람을 모으면 앞으로도 진행을 더 할 수 있을까요?" 카페에서 사람을 모으겠다는 것이었다. 그렇게 시작한 것이 15명의 어머님이 모이게 되었다. 그때부터 '공감대화' 수요일반(8명), 금요일반(7명)을 만들게 되었다.

아이들을 어린이집, 학교에 보내고 오전 10시 30분부터 12시까지 8주간 모임을 가졌다. 부부, 자녀와 공감대화 훈련을 하고, 김밥도 먹으면서 이야기를 나누니 때로는 이것이 살아있는 속회 같았다. 모임에서 대화의 내용은 점점 깊어졌다. 어머님들은 라포 형성이 되면서 질문하기 시작했다.

"목사님, 저는 교회는 다니지 않지만 신이 살아있다면 세월호 사건은 왜 일어난 것인가요? 제가 그 아이의 엄마라면 저는 신을 믿지 않을 거예요."

"길거리에서 전도하면 사람들이 교회에 오나요?"

"육아 서적을 계속 읽다보니 맨 뒤에는 신이 있다는 느낌을 받았어요."

"아이가 생기고 신을 믿고 싶어요."

"교회에서 하는 세미나는 유익했어요. 그러나 결국 교회를 데리고 가려고 할 때 이전까지 했던 모든 내용이 거부되었어요."

한 어머님은 신천지에 갔던 사건 일화를 이야기하셨다. 문화센터인 줄 알고 참여했다가 알고 보니 신천지였다는 것이다. 그곳에서 성경공부를 하다가 리더에게 이 모임에서 나가겠다고 했더니 더 높은 리더가 다가와서 자신의 눈을 똑바로 보면서 이렇게 말했다고 한다. "당신, 여기서 나가면 정신병 걸려!"(듣다보니 소름이 끼쳤다.)

사람들은 그를 영적인 권위자로 생각했기에 이 말을 듣는 순간 겁이 났다고 한다. 신천지에서 나오길 잘했다고 생각했지만 이 생각해 사로잡혀 내가 정말 정신병에 걸리면 어쩌나 하는 생각에 늘 두려웠다고 고백한다. "제가 나오는 것이 맞는 거죠, 목사님?" 어머님의 질문에 "어머님, 정말 잘하셨어요. 신천지는 거짓이에요"라고 말을 했다.

오랫동안 이 한마디를 듣고 싶었다고, 오랫동안 두려워서 아무에게도 이 말을 못했다면서 눈물을 글썽거리셨다. 신천지에 대한 상처로 신앙을 갖는 것도 두려웠다고 한다.

세상이 교회를 향해서 질문하기 시작했다. 복음이 필요한 삶의 현장으로 내려갈 때 도움을 요청하기 시작했다. 우리는 복음을 들고 지역으로 들어가야 한다. 유진 피터슨은 복음은 지역적으로 적용되어야 하고, 모든 신학은 지리에 뿌리를 두기를 권면한다. 우리가 사는 곳을 지루해하고, 우리가 사는 곳이 지루해지고, 흔히 '도전이 좀 더 필요하다'거나 '기회가 더 많았으면 좋겠다'라고 하는 이유는 예언자적 열정이나 제사장적 헌신 때문이 아니라 영적인 죄의 산물이라는 것이다.[36]

복음은 내가 속한 삶의 현장으로 적용이 되어야 한다. 빈틈으로 복음이 스며들어가면 세상은 교회를 향해 묻기 시작한다. '길이 무엇인지를?'

---

36 유진 피터슨, 『목회자의 소명』 포이에마

도와달라는 소리!

월요일 아침에 새벽기도를 가는데 교회 상가 건물 안에서 누군가 부르짖는 소리가 들렸다. 건물 2층, 4층에는 노래방이 있었고, 5층에는 라이브카페 주점이 있었는데, 간혹 새벽까지 술에 취해 있는 사람들이 있었다. 나는 그 소리를 조금도 다르게 의심하지 않고, 술을 많이 마셨다고 생각하면서 지나쳤다. 그런데 자전거를 세우고 교회에 들어서는 순간 "도와 주세요"라는 소리가 희미하게 들렸다.

깜짝 놀라서 소리가 들리는 곳으로 다가가자 술에 취한 청년이 비상사다리에 다리가 끼인 채 신음하고 있었다. 철제 사다리여서 상당히 무거운데다가 다리가 끼여서 어떻게 할 수가 없었다. 넘어지면서 핸드폰이 계단에 굴러떨어져 아무것도 할 수 없는 상태였다.

청년이 한 시간째 도와달라고 소리를 질렀지만 아무도 오지 않았다고 했다. 119에 신고하고 구급대원을 기다리며 내 힘으로 사다리를 옮길 수 있는 정도여서 사다리를 옮겼다. 울먹이는 목소리로 젊은 청년이 고맙다고, 너무 고맙다고 말했다.

이처럼 사람들은 도와달라고 말하고 있다. 그러나 우리는 편견에 의해서 그 소리를 제대로 듣지 못한다. 때로는 도와달라는 소리를 비극적으로 하는 사람도 있다. 마셜 로젠버그는 '비폭력 대화'를 소개하며 대화는 부탁과 감사 두 종류만 있다고 한다. 자세히 들어보면 부탁하고 있는 것이다. "인정받고 싶어요!" "관심받고 싶어요" "이해받고 싶어요" "사랑받고 싶어요" 어떻게 도와달라고 해야 할지 표현을 몰라서 그럴 때가 많다. 내면에는 'please!! 제발'이 담겨 있다. 교회는 세상이 소리치는 'Please! 제발'을 어떻게 듣고 있을까?

도서관에서 한 어머님이 공감대화 모임을 마치고 고양 어울림누리에서 하는 BMK 콘서트에 가자고 건의하셨다. 7명의 어머님들이 모두 좋다고 하셔서 나도 함께 콘서트에 참여했다. 어머님들이 그동안 흥을 어디에 숨겨 놓았을까라고 생각할 정도로 춤을 추고, 노래를 불렀다. 콘서트를 함께 관람하고 식사도 하고, 커피도 마시며 삶의 이야기를 나누었다. 어머님들은 "함께하고 싶어요" "사랑을 나누고 싶어요"라고 이야기하고 계셨다. 이것이야말로 목회이고 전도라 생각한다. 삶의 자리로 가야 이야기를 들을 수 있다.

더러워졌으면 좋겠다

토요일이면 교회 청소를 꼭 한다. 첫 교회 청소 때 불평이 나왔다. "왜 이렇게 교회가 더러울까?" 일주일에 한두 번 청소를 하니 생각보다 먼지가 많았다. 두세 달이 지나고 교회에 어린이들이 나오기 시작했다. 어린이들이 교회를 휩쓸고 간 뒤 청소를 하면 먼지, 쓰레기 폭탄이었다. 어린 아이들이 다녀간 뒤 청소를 하며 더 짜증이 났다. "왜 이렇게 더러울까?"

토요일 밤에 교회 청소를 하다가 문득 이런 마음이 찾아왔다. 고상하게 앉았다가 돌아가는 깨끗한 교회, 사람의 출입이 없는 깨끗한 교회를 꿈꾸고 있는가? 아니면 나그네, 고아, 과부 다양한 이들이 교회를 밟고 쉬기도 하고 눕기도 하며 더러워지는 교회를 꿈꾸는가?

나에게 찾아온 마음의 교회는 '교회는 점점 더러워지는 곳'이었다. (하나님이 주신 마음이라 생각한다.) 요즘은 주중에 주부기타교실도 해서 토요일 밤에 청소를 하면 먼지가 수북하다. 그 먼지를 청소하며 이런 기도가 나왔다. "교회가 더 더러워졌으면 좋겠습니다. 하나님!" "토요일은 하루 종일 청소만 하다 보내도 좋겠습니다."

성경에 바리새인은 눈에 볼 때 깨끗한 교회였지만 주님은 그런 교회를 뒤엎으셨고, 때론 더러운 냄새가 나는 곳을 찾아다니시며 그들과 함께 하나님 나라를 꿈꾸셨다. 어떤 것이 진짜 성경이 말하는 깨끗한 교회일까? 오늘도 교회가 더 더러워지길 기도한다.

도시 속 교회

도시는 가능성이 많은 곳이다. 도시를 부정적으로만 보는 분도 있지만 나는 하나님이 사랑하는 영혼들이 많은 곳이라고 보고 싶다. 도시에는 무엇보다 교회가 반드시 필요하다. (물론 시골도 필요하다, 영혼이 있는 곳이라면 어디든지.)

그러나 도시에서 교회를 개척한다고 할 때 가장 큰 체감온도 중 하나는 월세이다. 2년 전 장항동 호수공원 근처로 이사 오면서 월세 170만 원, 관리비 평균 65만 원을 감당해야 했다. 많은 사람들을 만날 수 있는 가능성도 있고, 실제 관계를 통해 전도의 열매도 맺게 되었지만 그만한 대가도 매달 지불해야 했다.

천하보다 귀한 영혼 vs 월세+관리비! 이 싸움은 쉽지 않았다. 첫해는 새벽 3시에 잠에서 깼다. 더 자고 싶어도 이 고민이 풀리지 않으면 저절로 잠에서 깼다. 새벽에 교회를 향해 혼자 걸어가면서도 첫 기도는 한 달을 잘 넘기는 것이었다. 외부에 일정이 있어서 하루라도 교회를 비우면 하루에 8만 원이 날라가고 있다는 생각이 들었다.

첫해는 이런 저런 실패도 겪었고, 새로 이사 온 교회 위치는 밤 문화가 활발하고 낮 시간은 텅 빈 거리였다.(저녁 7시부터 새벽 5시까지 활발하다.) 이러한 환경에서 2년 동안 전도에 대한 고민과 함께 도서관, 어머니들과 공감대화, 독서모임 등 세상과 소통하는 길을 찾아가고 있다. 느리지만 복음을 전할 수 있는 관계도 끊임없이 맺어가고 있다.

그럼에도 해결되지 않는 부분은 매달 돌아오는 '그날'이었다. 규모를 줄일지 이사를 갈지 여러 가지 고민 끝에 우리는 대출을 얻어 교회를 매입하기로 결정했다. 교회는 도시에서 구조적인 변화를 결정했다.

이 결정은 교회에 몇 가지 변화를 가져왔다. 가시적인 변화는 낮아진 금리로 원금과 대출이자를 내더라도 월세보다 적어서 지출을 줄이게 되었다. 성도들은 월세살이를 할 때보다 교회 이름으로 매입하고 나서 더 주인의식을 갖게 되었다고 고백하셨다. 매달 사라지는 돈이라고 생각할 때와 조금이라도 갚아갈 때의 의식이 달라지는 것 같다고도 하셨다.

나는 교회는 건물이 아니라고 생각한다. 그렇게 설교했다. 그러나 멤버십으로 모여 처음 시작한 교회가 아니라면 개척교회는 최소한 구심점으로 공간이 필요하다. 복음을 전할 관계를 맺고, 복음을 전할 공간도 필요하다.

도시 안에서 복음을 전하는 교회! 이 문제는 '믿음으로 걸어감', '성실'과 함께 구조에 대한 고민도 필요했다. 도시 안에 있는 교회들에게 성령님이 지혜를 주시고, 구조적인 변화들이 일어나게 하셔서, 오늘도 이 길을 걸어가게 하소서!

사마리아를 통과하겠다

〈내가 사마리아에 가는 이유〉라는 곡이 있다. 요한복음 4장을 사마리아 여인의 입장에서 쓴 곡들이 많은데 김복유는 예수님을 1인칭적인 입장에서 가사를 썼다.

내가 사마리아에 가는 이유는

그곳에 울고 있었던 네가 있어서

햇볕이 따갑고 그늘도 없는 낮에 나는 기다렸단다

네가 내게 오기를 아무도 찾지 않는 한낮에 우물가에

어젯밤 울다 잠든 네가 내게로 온다

아무도 찾지 않는 한낮에 우물가에

이제껏 삶에 지친 네가 내게로 온다

나는 사마리아 여인에게 말을 건다 기쁨에 차 말을 건다

하늘보좌 내려놓고 그래 여기에 왔다고

넌 내게 다시 이리 재촉한다 그 물을 내게 달라 한다

넌 이미 보았다 그 물이 여기에 바로 내 안에 있어.

　　요한복음 3장에서 니고데모가 예수님께 찾아갔다면 요한복음 4장에서는 예수님이 사마리아 여인을 찾아가셨다. 사마리아인은 사회적으로 유대인들에게 무시를 당했다. 앗수르가 이곳을 점령하고 이스라엘 주민들과 결혼하는 혼혈정책을 펼쳤다. 이후로 북이스라엘은 남유다로부터 부정하다고 취급을 당했다. 출신뿐만 아니라 사마리아 여인은 여섯 남자와 동거했던 윤리적으로도 부정한 여인이다.

　　니고데모는 예수님을 밤에 만나지만 사마리아 여인은 뜨거

운 낮에 만난다. 누구는 밤에 오면 괜찮은 것 같지만 한 발짝만 안으로 들어가 보면 공허하다. 밤에 온 사람은 낮에 온 사람을 부러워할 것 같지만 그렇지 않다. 모두 연약한 죄인이다.

유대에서 갈릴리로 가는 가장 좋은 길은 사마리아를 통과하는 길이다. 그렇지 않으면 요르단 계곡을 건너서 동쪽 길로 우회해야 한다. 하지만 사람들은 사마리아를 통과하지 않는다. 왜냐하면 유대인들은 사마리인들이 사는 땅도 더럽다고 생각하기 때문이다. 그래서 사마리아를 돌아간다. 때로는 내 모습이 사마리아 같아서 사람들이 나를 피해 우회하고 있다고 느껴지기도 한다. 그러나 예수님은 사마리아를 통과하겠다고 말씀하신다.

"사마리아를 통과하여야 하겠는지라"(요한복음 4:4)

헬라어를 찾아보니 예수님이 사마리아에 가겠다는 의지를 '데이'라는 단어를 사용한다. '데이'라는 단어는 '반드시 ~하겠다'는 뜻이다. 우리는 우회하고 돌아가려 하지만 예수님은 사마리아를 반드시 지나가시겠다는 것이다. 그곳에 울고 있던 네가 있어서 햇볕이 따갑고 그늘도 없는 낮에 넘어져 있는 그곳까지 가시겠다는 것이다.

예수님과 사마리아 여인은 만나서는 안 될 사회적 금기이다. 유대인 남자와 이방인 여인이 만나는 것은 안 된다. 모두가 겉모습을 보고 우회하려 하지만 하나님은 우리를 사랑하셔서 독생자를 보내주셨다. 레슬리 뉴비긴은 교회는 성육신의 사명을 세상에서 계속 수행하는 기관이라고 정의했다.[37] 우리가 예수님을 따라가는 제자라면 우리도 사마리아를 우회하는 것이 아니라 지나가야 한다. 사마리아를 지나가기 위해서는 반드시 교회가 필요하다.

---

37 레슬리 뉴비긴, 『교회란 무엇인가?』 IVP

PART3

Why? ——————— 기 본 에 서 이유를 찾다

"대표 메뉴가 뭔데요?"

교회의 매력

누가 온다는데 두렵다

금요기도회를 앞두고 아내에게 전화가 왔다. 교회로 인도하고 싶어 관계를 맺었던 딸의 친구 가족이 금요기도회에 온다는 것이다. 개척교회 목사에게는 한 영혼이 교회 온다는 소식이 밥을 며칠 굶어도 이길 수 있는 힘이 될 때가 있다. 예배 도중 갑자기 열리는 문소리는 그 어떤 소리보다 가슴이 떨린다. 하지만 나는 전화를 끊자마자 감격보다 걱정이 되기 시작하였다.

당시 금요기도회에 올 수 있는 형편의 성도님들은 별로 되지 않았다. 이 모임이라도 없으면 기도 시간이 더 줄어들 것 같아서 금요일 밤마다 나, 아내, 딸, 아들, 그리고 한 명의 청년이 함께 기도하고 있었다. "4명이 모여 기도하는 곳에 3명이 온다니." 나는 "차라리 주일에 오지."라고 중얼거리고 있었다. 아내는 권사님, 집사님에게 전화를 돌렸다. "금요기도회에 한 가정이 오신다는데 오실 수 있으세요?" 그러나 예기치 않은 전화에 '죄송하다'는 말씀이 되돌아왔다.

기대보다 걱정과 불안에 사로잡혀 있었던 이유는 기타 한 대를 가지고 4명이 찬양하고 기도하는 모습이 전혀 매력적이지 않다는 생각 때문이었다. 이런 마음이 자리잡고 있을 때 내 마음은 불안했다. 베드로가 십자가 앞에서 실체가 드러났던 것처럼 결국 내가 전도하려던 민낯이 철저하게 드러났다.

교회가 본질적으로 해야 하는 일은 성도들의 필요를 만족시키는 것으로 끝나는 것이 아니다. 삶의 필요에 대해 공감해야하겠지만 세상 속으로 들어가 우리가 해야 할 사명이 따로 있다. 매력이 아니라 복음을 드러내는 것이다.

하지만 교회는 복음이 아니라 매력을 드러내는 것을 사명으로 착각하고 있다. 유진 피터슨은 미국교회의 과오를 교회를 소비자들의 기업으로 바꾼 것이라고 지적한다. 소비자를 만족시키고 상품 지향적인 회중을 양성하는 방법으로는 하나님을 경외하고 예배하는 회중을 모을 수 없다. 만약 그러한 방법을 계발한다면 우리는 바퀴가 빠지기 직전의 마차처럼 흔들리기 시작할 것이다.[38] 교회는 소비자들의 만족을 시켜주기 위해 존재하지 않기 때문이다. 교회가 건강한 마차처럼 세상 속으로 달리기 위해서 우리에게 필요한 것이 있다. 하지만 교회를 소비자들의 기업으로 생각하게 되자 사람이 온다는 소리가 두려웠다.

이상훈 교수는 교회가 시대적 조류에 적응하는 브랜드가 되었다고 말한다. 다음은 그의 저서 『RE THINK CHURCH』에서 소개하는 브랜드가 되어버린 교회들의 모습이다. 여러분의 교회도 이 리스트에 속해 있지 않은지 체크해 보라.

"무한 경쟁과 성장에 치우쳐 본질을 상실해 버린 한국 교회, 회심성장이 멈춰 버린 교회, 건물과 외형적 화려함에 취해 버린 교회, 수많은 프로그램과 행사로 일 년 열두 달이 바쁘게 돌아가는 교회, 사회적 책임과 섬김을 교회성장의 방편으로 삼는 교회, 이동성장을 어쩔 수 없는 현상으로 받아들이고 합리화

---

38   유진 피터슨, 『그 길을 걸으라』 IVP

111

시키는 교회, 수적 성장을 위해 모든 것을 집중하는 교회, 주일
학교가 죽어가고 젊은이들이 교회를 떠나도 두 손을 놓고 있
는 교회, 제왕적 리더십을 발휘하며 권력의 남용과 실수조차도
미화시키는 교회, 사회적 비판과 외면을 당하면서도 자기 일이
아닌 것처럼 여기는 교회, 시대를 향한 예언자적 사명을 잃어
버리고 자기 자신에 몰두하고 있는 교회, 교회 됨이 무엇인지
를 망각하고 있는 교회, 그러면서도 하나님의 영광을 위해 오
늘도 열심히 온 힘을 다하고 있는 교회… ”[39]

교회는 세상을 향하고 있다. 그렇지만 교회가 브랜드가 되라
고 성경은 말하지 않는다. 교회는 하나님 나라를 전하기 위해,
복음을 전하기 위해 세상으로 가는 것이다. 이것을 잃어버리는
순간 교회는 아웃사이더로 전락한다.

39　이상훈, 『RF THINK CHURCH』 교회성장연구소

문을 연 뒤가 더 중요하다

도서관에서 봉사하는 학생들에게 점심마다 라면을 끓여주기도 하고 김밥을 제공하기도 하였다. 봉사하는 시간에는 종교적인 이야기를 할 수 없지만, 식사 시간은 자유롭게 어떤 이야기든지 나눌 수 있었다. 봉사하러 온 학생들은 태어나서 교회를 한 번도 다닌 적이 없고, 복음에 대해 들어보지 않았던 친구들이 수두룩했다. 그들과 복음을 이야기할 수 있는 장이 열렸다.

개척을 한 뒤 나의 가장 큰 목표는 전도였다. 골로새서 저자처럼 전도의 문을 열어 달라고 하나님께 간절하게 기도했다. 문제는 문을 연 다음이다.

"또한 우리를 위하여 기도하되 하나님이 전도할 문을 우리에게 열어 주사 그리스도의 비밀을 말하게 하시기를 구하라 내가 이 일 때문에 매임을 당하였노라" (골로새서 4:3)

교회가 세상과 연결될 수 있는 문을 열어 달라고 기도했지만 그리스도의 비밀을 말하게 해 달라고는 간구하지 않았다. 막상 전도의 문이 열릴 때, 그리스도의 비밀보다 다른 매력적인 것을 찾는 교회는 빠르게 세속화된다.

전도는 세상에 도를 전하는 것이다. 도가 무엇인가? 이 질문에 우리는 답할 수 있을까? 따발총처럼 외우는 것이 도인가? 교회를 홍보하는 것이 도인가?

스티븐 엄·저스틴 버자드는 기독교인이 자신의 세계관을 버리는 것도 잘못이지만 숨기는 것도 잘못이라고 말한다.[40] 도시에 취해 버려 정작 우리가 접촉해야 할 세계관을 버리는 것이다. 상황화를 통해 세상과 어떤 접촉을 할지를 찾아내어 문이 열렸지만, 복음을 선포하지는 않았던 것이다. 우리는 세상 속에서 하나님을 떠나 있는 우상들에 대해 저항해야 한다. 그리고 복음을 통해 새롭게 회복되어야 한다. 이것이 교회가 존재하는 사명이다.

스티븐 엄·저스틴 버자드는 도시 사역을 다음과 같이 정의한다. "상황화된 도시 사역은 도시의 이야기 저변에 자리한 우상을 간파하고 그에 능숙하게 맞설 수 있게 한다. 성경은 하나님 외에 다른 대상을 예배할 때 야기되는 위험과 파멸에 대해 끊임없이 경고한다."[41] 내가 속한 지역에 우상은 무엇인가? 하나님

보다 더 사랑하고 의지하는 것들에 대해 교회는 위험성을 경고하고 있는가? 이사야 선지자는 천천히 흐르는 실로아 물을 버리고 앗수르를 의지하는 남유다를 향해서 끝내 패망한다고 경고한다. 이사야의 영성이 우리에게는 있는가?

"너희 민족들아 함성을 질러 보아라 그러나 끝내 패망하리라 너희 먼 나라 백성들아 들을지니라 너희 허리를 동이라 그러나 끝내 패망하리라 너희 허리에 띠를 띠라 그러나 끝내 패망하리라"(이사야 8:8)

그러려면 중단하라

세상 속에서 길을 전하기 위해 '전도'라는 단어부터 제대로 정의되어야 한다. 우리는 교회 내에서 상투적으로 사용하는 단어들을 당연히 알고 있을 것이라고 착각할 때가 많다. '은혜'는 교회 내에서 자주 쓰는 언어이지만 '은혜가 무엇입니까?' '은혜

받는 것이 무엇입니까?'라고 질문하면 우리는 답을 하지 못한다. '교회가 무엇입니까?'라는 질문에 교회를 건물로만 정의하는 사람들도 많다.

교회에 널브러진 전도 물티슈를 보았다. 물티슈 앞면에는 교회 이름과 예배 시간 안내문구가 크게 붙어 있었다. 뒷면에는 사영리 문구와 성경구절이 있었지만 구석에 밀려 있었다. 오히려 주의사항, 원단 성분, 액체 성분 등으로 도배되어 있다.

교회마다 시대를 읽기 위한 많은 고민을 하고 있다. 잃어버린 양이 어디 있을까? 잃어버린 양에게 어떻게 접근할까에 대한 고민을 한다. 하지만 잃어버린 양에게 '금요기도회가 매력적이지 않다'라는 생각으로는 그 양을 결코 살릴 수가 없다. 복음 없이 사람들을 모을 수 있겠지만 변화시킬 수는 없다. 예수님은 팬을 모으기 위해서 오신 분이 아니라 제자를 찾기 위해서 오셨다.

칼 베이터스는 건강한 작은 교회가 성장하면 건강한 큰 교회가 되고, 건강하지 못한 작은 교회가 성장하면 건강하지 못한 큰 교회가 된다며 어려움에 처한 교회의 경우에는 규모를 키우라고 말하지 말고, 건강해지는 방법을 알려주어야 한다[42]고 말한

---

42 칼 베이터스, 『작고 강한 교회』 생명의말씀사

다. 길을 모른 채 세상 속으로만 급하게 뛰어들어간 교회는 방황한다. 어둠 속에서 길을 제시해야 할 교회가 흔들린다. 규모는 커졌지만 길을 잃어버린 한국교회를 세상이 오히려 걱정하고 있다.

우리는 어떻게 상황화를 할 것인가에 대한 고민보다 먼저 건강해져야 한다. 규모를 키우기 전에 길 되신 예수 그리스도와 연결되어 있어야 한다. 복음이 제대로 정립되어 있어야 한다.

예배를 드린 횟수만도 5,000번이 넘는다고 말하는 밥 호스테틀러는 그럴 바엔 교회 가지 말라고 말한다. '교회에 가는 것'만으로 하나님과 관계를 맺고 있다면, 당장 교회에 가지 말라. 교회에 가는 그만하고, 이제 예수님을 따르길 시작해야 한다. 교회에 가는 것을 중단하고, 하나님 나라를 추구해야 한다. 교회에 가는 것을 멈추고, 하나님 말씀에 헌신하며 그분의 백성과 공동체를 형성해야 한다. 하나님을 진정으로 예배하고, 기도로 그분과 친밀한 교제를 나누며, 대중 앞에서 행하고, 믿음을 주변 세상에 널리 전해야 한다. 이제 교회에 가는 것을 중단하고, 교회 되기를 시작하라[43]고 우리에게 말하고 있다.

[43] 밥 호스테틀러, 『그럴 바엔 차라리 교회 가지 마라』 생명의말씀사

나는 이 문장들이 그럴 바엔 전도하지 말라는 이야기로 들렸다. 매력적인 것들만 이야기하려면 전도라는 이름을 사용하지 마라!

교회 먼저, 예수 먼저

교회가 전도하려는 목적은 건물 안으로 들어오게 하는 것일까? 예수 안으로 들어오게 하는 것일까? 입으로는 예수 안이라고 말하고 있지만 우리의 마음 깊은 곳에는 건물 안을 가득 채우고 싶다. 건물 안에 있는 분주함을 맛보고 싶은 것이다. 화려한 예수님의 표적 뒤에 있는 많은 무리들과 함께 한 자리를 차지하고 싶은 것이다.

우리는 사람들을 교회 안으로 끌어 모으기 위해 단기적인 성장 계획을 세운다. 건물 안을 붐비게 할 수 있는 매력적인 행사와 프로그램 준비로 분주하다. 하지만 기계론적인 성장으로 잃어버린 영혼을 살릴 수는 없다.

크리스토퍼 스미스는 기계론적인 성장론에 대해 다음과 같이 말한다. "장기적인 관점에서 보면 이러한 기계론적 교회성장론은 교회의 지속적 발전에 별 도움이 되지 않는다는데 문제가 있다. 정형화된 사역들, 성도를 끌어 모으기 위한 표적 마케팅, 유명 인사가 되어버린 성직자, 철저히 각본화된 예배, 일종의 브랜드가 된 교회, 기계적인 교회 운영, 공식처럼 알려진 교회 성장법 등이 개교회 상황 혹은 지역의 특수성과는 아무 상관없이 일반적으로 적용되고, 교회들은 수많은 프로그램의 홍수 속에 행사를 치르느라 정신이 없다. 점점 더 많은 사람이 진정성 없이 번지르르한 상품에 조금씩 지쳐 가고 있다."[44]

우리는 교회보다 예수를 먼저 전해야 한다. 예수를 믿고 성령을 따라가면 그들이 모여 건강한 교회를 이룬다. 예수 없이 모인 교회는 시기의 차이일 뿐 형편없이 무너진다. 그래서 닐콜은 교회보다 예수님과 하나님 나라의 복음을 심으라고 말한다. 복음을 심으면 교회는 자연스럽게 자라나 스스로 번식하게 되어 있다는 것이다. "예수님을 심으라! 하나님 나라의 복음을 심으라! 그러면 교회는 자연스럽게 자라나 스스로 번식할 것이다."[45] 이 외침은 교회로 살아가는 우리의 마음판에 새겨야 할

44 크리스토퍼 스미스·존페티슨, 『슬로처치』, 새물결플러스
45 닐콜, 『교회 3.0』, 스텝스톤

문장이다.

매력적인 것을 보여줄 것이 없어 금요기도회에 한 가정이 온다는 것을 두려워하고 있는 목회자가 있다면 매력적인 프로그램 만들기를 멈추고, 지역교회의 본질에 대해 되돌아보길 바란다. 유진 피터슨은 지역교회의 부르심에 대해 명확히 정리하여 설명하고 있다.

"지역교회는 그리스도의 명령을 듣고 그 명령에 순종하는 사람들에게 나를 따르라고 하신 예수님의 초대를 생각해 보고 그 초대에 응하라고 청하는 그리고 하나님을 예배하는 장소이자 공동체다. 지역교회는 세례를 받아 성삼위일체의 정체성을 얻고 그리스도의 장성한 분량이 충만한 데까지(엡4:13) 성장하는 장소이자 공동체이며, 성경을 배우는 곳이고, 유일한 길이신 예수님을 따르는 방식들을 분별하도록 배우는 곳이다."[46]

왜 교회일까? 교회를 위해 교회가 있는 것이 아니다. 교회는 복음을 향하고 있다.

46 유진 피터슨, 「그 길을 걸으라」 IVP

나오미가 모압에 한눈파는 이유

다른 복음은 복음이 아니다

고등학교 3학년을 마치고 중국으로 여행을 갔던 적이 있다. 북경에서 왕푸징 거리를 가보니 루이비똥, 롤렉스시계가 길거리에 잔뜩 진열되어 있었다. 하지만 대부분이 가짜였다. 가치가 있는 것일수록 가짜도 많다.

2009년 신권으로 5만 원권이 발행되었다. 인쇄기술이 발달하면서 위조지폐도 많아졌다. 인쇄기술이 아무리 발달해도 4만 원권 위조지폐는 없다. 4만 원권을 아무리 그럴듯하게 만들어도

4만 원권은 존재하지 않는 돈이기에 가짜가 없을 수밖에 없다. 5만 원권 위조지폐가 많은 이유는 5만 원이 실제 존재하는 돈이기 때문이다.

한국은행은 5만 원을 신권으로 발행하며 위조지폐와 구별할 수 있는 기준도 명확하게 제시하였다. 띠형 홀로그램 확인, 입체형 부분 노출 은선 확인, 상하 좌우로 움직였을 때 색변환 잉크 확인, 햇빛에 비춰 마주보는 신사 얼굴 숨은 그림을 확인하면 위조지폐와 구별할 수 있다.

예수는 지금도 살아 역사하는 메시아다. 메시아 옆에는 2천 년 동안 가짜도 수두룩했다. 신천지가 사라져도 또 다른 가짜가 나올 것이다. 그래서 가짜가 많은 시대일수록 복음과 다른 복음을 명확히 구별할 수 있어야 한다. 길과 길이 아닌 것을 분별할 수 있어야 한다.

"그리스도의 은혜로 너희를 부르신 이를 이같이 속히 떠나 다른 복음을 따르는 것을 내가 이상하게 여기노라 다른 복음은 없나니 다만 어떤 사람들이 너희를 교란하여 그리스도의 복음을 변하게 하려 함이라"(갈라디아서 1:6-7)

다른 복음, 복음이 아닌 것을 복음으로 전하는 사람들이 있다. 다른 복음은 우리를 교란하게 한다. 다른 복음은 우리를 창살 없는 감옥에 가둔다. 바울은 다른 복음에 매여 있는 갈라디아교회를 향해 강경한 태도를 취한다. 유진 피터슨이 번역한 메시지성경 갈라디아서를 읽어보면 바울의 태도를 가까이 느낄 수 있다.

"그것은 완전히 다른 메시지, 이질적인 메시지, 메시지라고 할 수도 없는 것, 하나님에 관한 거짓말이기 때문입니다. 단도직입적으로 말하겠습니다. 하늘에서 온 천사라고 할지라도 처음 전한 메시지와 다른 것을 전한다면 저주를 받아야 마땅합니다."[47]

복음이 아닌 것에 대해 거룩한 분노가 있어야 한다. 왜냐하면 복음은 생명의 문제이기 때문이다.

47　유진 피터슨, 『메시지성경』 복있는사람

거짓 복음의 힘

갈라디아는 지금의 터키 지역이다. 바울은 이 지역에서 복음을 전했다. 복음을 들은 갈라디아교회 성도들은 성령 안에서 자유함으로 신앙생활을 하였다. 시간이 지나면서 갈라디아교회에 심각한 문제가 생겼다. 다른 복음이 갈라디아교회에 들어온 것이다. 지금도 교회의 위기는 외적인 핍박이 아니라 교회 안에 들어온 다른 복음이다.

눈으로 볼 수 있는 확연한 표시를 가지고 있는 사람들이 등장한 것이다. 그들은 할례라는 표시를 하고 있었다. 확연하게 갈라디아교회 성도들과 구분되는 표시를 하고 있었다. 그들은 '네가 구원받았다면 구원받은 표시가 무엇이냐?' 질문하였다. 할례를 보면서 갈라디아교회 성도들은 내가 구원받은 것이 맞는지 의심하는 사람도 있었고, 때로는 주눅이 들어 두려움 속에서 혼란에 빠져 있는 이들도 있었다.

다른 복음은 두려움을 조장하고, 불안감을 조장해서 많은 사람들이 몰리게 한다. 거짓복음을 전하는 사람들은 사람의 심리를 교묘하게 이용한다. C. S. 루이스는 『순전한 기독교』라는 책에 '물탄 기독교'라는 표현을 사용했듯이 복음에 물을 타는 것이다.

많은 분들이 코로나19로 건물 안에 모이지 못하는 것을 한국 교회의 위기라고 생각한다. 헌금이 줄어드는 것을 위기라고 생각한다. 성경은 건물이 없는 것을 문제라고 말하지 않는다. 그랬다면 AD 70년 로마 장군에 의해서 성전이 파괴된 것이 기독교의 심각한 위기였을 것이다.

성경이 말하는 위기는 복음이 아닌 다른 복음이 교회 안으로 들어올 때이다. 당장은 매력적일지라도 복음 아닌 것을 복음인 것처럼 이야기하는 것이 큰 문제이다. 달라스 윌라드는 병든 신앙인의 모습을 바코드에 비유하였다.

"대부분의 상점에서 물건에 붙여 사용하는 바코드를 생각해보라. 스캐너는 바코드에만 반응을 보인다. 바코드가 붙어 있는 병이나 상자의 내용물이 무엇이며 바코드가 제 물건에 제대로 붙어 있는지 따위는 전혀 중요하지 않다. 계산기는 전자 감식안을 통해 바코드에만 반응할 뿐 그 외의 것은 일절 무시한다"[48]

48 달라스 윌라드 『하나님의 모략』 복있는사람

복음은 우리의 전부인데 교회에 등록하면 4주 동안 복음에 대한 이론 정도 듣고, 입술 정도만 체크하는 바코드가 되어버린 것이다. 우리의 삶 전체가 복음에 뿌리를 내려야 하는데 복음은 4주 과정 바코드를 스캔하고 나면 끝난다. 성도가 복음 안에 매 순간 뿌리를 내리는지는 관심이 없다. 복음이 아니라 복음 외의 교회 조직을 유지할 수 있는 프로그램에 관심을 돌린다.

교회 프로그램 안에 있다면 우리는 복음을 이해했다고 착각한다. 톰 라이트는 복음이 너무나도 친근하여 그것을 이해하고 있다라는 착각이 심각한 문제임을 다음과 같이 지적한다.

> "우리가 기독교 신앙의 가장 기본적인 요소를 잃어버렸다. 복음이 너무도 친근하고 확실해 보이기에 우리는 그것을 이해했다고 믿어 버린 것이다."[49]

교회는 한 번도 외적인 핍박에 의해 무너진 적이 없다. 오히려 핍박 속에서 기도하였고, 하나님을 의지했다. 성령님이 함께 하시는 교회는 절대 무너질 수 없다. 문제는 스스로 변질될 때

---

[49] 톰라이트, 『이것이 복음이다』 IVP

이다. 복음이 변질될 때, 복음 아닌 것을 복음처럼 집착하고 있을 때 우리 스스로 무너진다.

복음은 하나님과 무너진 우리의 관계를 회복하기 위해서 예수님이 일하신 사건이다. 예수님이 십자가에서 사망과 어둠의 권세를 이기셨다. 우리는 이 실제적인 사건을 믿음으로 받아들여야 한다. 그러나 우리는 복음이 아니라 육체의 모양에 집착하고 있다.

"무릇 육체의 모양을 내려 하는 자들이 억지로 너희에게 할례를 받게 함은" (갈라디아서 6:12)

육체의 모양은 헬라어로 '유프로소페오'인데 '외관이 멋지다, 진열하다'는 뜻이다. 백화점에 가면 명품들이 진열되어 있다. 명품관에는 화려한 조명이 비추고, 매력적인 분위기가 연출되어 있다. 거짓복음은 외관이 그럴듯하다. 매력적이다. 조명이 비추어져 있다. 내면이나 하나님 앞에 바로 서는 것에는 관심이 없고 겉포장에 집착한다.

유진 피터슨은 목회자들을 향해 외관이 멋진 쇼핑몰을 짓는 조급함과 폭력을 멈추라고 말한다. 쇼핑몰은 50년이면 황폐해져 아무도 찾지 않는다. 쇼핑몰 신앙, 쇼핑몰교회는 50년 안에 황폐함만 남는다. 반면에 밭은 좋은 농부가 그 신비들을 존중하기만 하면 1,000년이 넘도록 건강하게 소출을 낼 것이라는 것이다.[50] 한국도 쇼핑몰교회는 하나님을 예배하는 장소, 복음을 전하는 곳이 아니라 관광지로 추락한다. 왜 우리는 신실한 농부처럼 살아가기보다 육체의 모양(유프로소페오), 진열품처럼 외관에만 집착하고 있을까?

"할례를 받은 그들이라도 스스로 율법은 지키지 아니하고 너희
에게 할례를 받게 하려 하는 것은 그들이 너희의 육체로 자랑
하려 함이라" (갈라디아서 6:13)

조급하게 쇼핑몰을 짓는 이유는 자랑하고 싶기 때문이다. 바벨탑을 왜 이렇게 높게 쌓는가? 자랑하고 싶기 때문이다.

"여러 사람이 육신을 따라 자랑하니" (고린도후서 11:18)

우리에게도 자랑하고 싶은 욕망이 꿈틀거리고 있다. 나를 백

50 유진 피터슨, 『목회자의 소명』 포이에마

화점 명품처럼 진열하고 싶은 이유는 자랑하고 싶기 때문이다. 교회마다 복음이 아니라 성공을 자랑하고 싶다. 그래서 프로그램, 시스템을 명품관에 자랑한다. 그러나 문제는 자랑이 우리의 영혼을 구원하지 못한다는 것이다.

"자기의 재물을 의지하고 부유함을 자랑하는 자는, 아무도 자기의 형제를 구원하지 못하며"(시편 49:6-7)

죽음이 생명, 십자가

NSHC 이윤승 대표는 페이스북에 이런 글을 썼다. '맥가이버 칼'은 누구나 하나쯤 갖고 있을 법한 만능 공구이다. 그런데 그것을 주머니 속에 가지고 있다면 누구나 '맥가이버'가 되는 것일까? 공구를 사용할 줄 아는 사람이 맥가이버가 될 수 있다. 그것을 소유한 사람이 맥가이버가 아니다.

사용할 줄도 모르고, 목적도 모르면서 사람들은 왜 맥가이버 칼을 가지려고 할까? 갈라디아서로 적용하면 할례의 목적도 모르고, 율법을 지키지도 못하면서 왜 이렇게 집착할까? 자랑하고 싶기 때문이다. 자랑을 통해 교인의 숫자는 모을 수 있겠지만 건강할 수는 없다. 영혼을 살릴 수는 없다. 건강한 교회는 복음으로 열매를 맺는다.

팀 켈러는 복음 부흥의 역동성이 제자리를 잡지 못하면, 교인의 숫자는 증가할 수 있지만 활력 면에서는 장담할 수 없다. 성장은 하겠지만 지속적인 결과를 가져오는 진정한 열매는 맺지 못한다고 말한다. 또한 무기력한 증상들이 나타나고, 성장의 대부분 또는 전부가 회심이 아닌 수평 이동을 통해 일어날 것이라고 이야기한다.[51]

우리는 복음으로 부흥해야 한다. 복음 부흥의 역동성이 자리를 잡아야 한다. 숫자의 증가가 아니라 영적인 활력이 있는 공동체가 되어야 한다. 단순히 성장으로 끝나는 것이 아니라 성령의 열매를 맺어야 한다. 수평 이동만으로 만족하는 것이 아니라 말씀을 듣고 회개, 회심이 일어나야 한다.

"내 손으로 너희에게 이렇게 큰 글자로 쓴 것을 보라" (갈라디아

서 6:11)

---

51 팀 켈러, 『팀 켈러의 센터처치』, 두란노서원

바울은 갈라디아서를 마무리하며 큰 글씨를 쓴다. 큰 글씨를 쓰는 것은 강조하기 위해서이다. 육체의 자랑을 위해 육체의 모양을 하고 있는 이들에게 진짜 자랑할 것이 있기 때문이다.

"그러나 내게는 우리 주 예수 그리스도의 십자가 외에 결코 자랑할 것이 없으니" (갈라디아서 6:14)

복음서(마태, 마가, 누가, 요한)는 십자가와 부활을 이야기하는 책이다. 하나님을 등진 인간의 마지막은 죽음이다. 복음은 우리를 죽음에서 생명으로 돌이키시기 위해 예수님이 십자가에서 하신 일이다. 우리를 사랑하신 하나님은 자신의 아들을 희생하며 일하셨다. 우리는 이 기쁜 소식을 믿음으로 받아들일 때 하나님의 자녀로 신분이 변화된다. 하나님 나라가 시작된다.

하지만 우리는 복음에는 관심이 없고 마가복음에 등장하는 제자들처럼 서로 싸우고 있다. 싸움의 주제는 '누가 크냐?'이다. 십자가가 아니라 누가 얼마나 큰지를 비교하고 자랑하기 위해서 싸우고 있다. 세상은 길을 알고 싶지만 교회들은 누가 큰지에 대한 논쟁을 벌이고 있다.

"그들이 잠잠하니 이는 길에서 서로 누가 크냐 하고 쟁론하였음이라" (마가복음 9:34)

마가복음 10장에서는 예수님이 십자가를 이야기하시지만 야고보와 요한은 관심이 없다. 오히려 예수님께 이런 간구를 하였다.

"여짜오되 주의 영광 중에서 우리를 하나는 주의 우편에, 하나는 좌편에 앉게 하여 주옵소서" (마가복음 10:37)

예수님이 로마를 이길 수 있는 정치적인 왕이 되면 오른쪽 자리, 왼쪽 자리를 달라는 것이다. 나를 자랑할 수 있는 오른쪽 자리, 왼쪽 자리를 얻는 것이 교회를 다니는 이유이지 않은가? 복음에 뿌리내리지 않은 채 오른쪽 자리를 얻기 위해 교회를 다니면 십자가 앞에서 다 도망간다.

예수님이 십자가에 죽으셨을 때 그들은 끝이라고 생각했다. 사명의 자리를 포기하고 제자들은 원래 직업을 찾아 돌아간다. 다시 돌아간 자리에서 밤새도록 수고해도 잡은 것이 없는 제자들은 사망을 이기신 부활하신 예수님을 만난다. 그들은 깨달았다. 십자가는 끝이 아니라 생명의 시작이었다.

고린도교회 성도들도 자랑할 것을 찾았다. 고린도는 지금의 그리스이다. 헬라 철학이 발달한 고린도에서 외적으로 자랑할 것은 지혜였다.

"유대인은 표적을 구하고 헬라인은 지혜를 찾으나" (고린도전서 1:22)

우리가 속한 문화 속에서 자랑할 것을 찾는다. 유대인은 표적이고 헬라인은 지혜였지만 근본 동기는 자랑이었다. 지혜를 자랑하는 고린도교회 성도들에게 바울은 진짜 자랑할 것을 자랑한다. 구원을 받는 하나님의 능력인 십자가이다.

"십자가의 도가 멸망하는 자들에게는 미련한 것이요 구원을 받는 우리에게는 하나님의 능력이라" (고린도전서 1:18)

바울도 십자가는 미련한 것이라 생각해서 예수를 핍박하고, 예수님을 따르는 자들을 옥에 가두었다. 하지만 다메섹으로 가는 길에 바울은 예수를 만나고 눈이 멀어버린다. 예수가 죽은

줄 알았는데 자신의 삶에서 살아 역사하는 것이다. 예수님과 직접적인 만남은 없었지만 동시대를 살았던 바울이 다메섹 도상에서 부활하신 예수를 만났을 때 깨달았다. 십자가가 능력이다! 십자가는 끝이 아니라 생명이다!

그래서 복음의 사람은 자랑이 달라진다. 육체의 모양이 우스워진다. 오른쪽 자리 왼쪽 자리가 별의미가 없다. 남들보다 좀 더 알고 있는 지식, 헬라 철학이 무의미하다. 화려한 표적도 무의미하다. 진짜 자랑은 십자가이기 때문이다. 십자가는 사형틀이다. 사형틀 죽음에서 생명이 시작되었다.

교회는 복음을 전해야 한다. 우리의 노력이 아니라 우리를 위해 십자가에서 행하신 사건을 믿음으로 받아들일 때 하나님 나라가 임한다.

기본적인 것

〈이태원 클래스〉는 이태원을 배경으로 불합리한 세상 속, 고집과 객기로 뭉친 청춘들이 반란을 일으키는 드라마다. 극중에는 인스타그램 76만 명 팔로워, 파워블로거인 조이서와, 타협하

지 않는 고집을 가지고 세상을 향해 부딪치는 박새로이가 주인
공으로 등장한다.

박새로이는 이태원에서 포차를 차렸지만 계속 적자이다. 전
단지를 한창 뿌리고, 인형탈을 쓰고 홍보하는 박새로이가 우연
히 조이서에게 도움을 준다. 도움을 받은 조이서가 박새로이에
게 어떤 일을 하는지 묻는다.

박새로이: "이태원에서 작은 포차를 하는데요."

조이서: "요즘 시대에 누가 인형 탈 쓰고, 전단지 돌리며
           홍보해요?"

박새로이: "그러면요? 정말 궁금해서요. 요즘 시대는 어떻
           게 홍보하는데요?"

조이서: "온라인 광고가 훨씬 홍보에 효과적이죠. sns광
           고나 블로그 뭐 이런 거. 기본적으로 가게가 괜찮
           아야겠지만?"

파워블로거 조이서가 강조하는 것은 '기본적으로 가게'가 괜
찮아야 한다는 것이다. 극중에서 조이서는 박새로이의 포차 단
밤 매니저로 일하게 되는데, 취직하자마자 문제를 지적한다. 위
생, 인테리어 콘셉트와 함께 대표 메뉴가 무엇인지 묻는다. 메
뉴판에는 여러 가지 메뉴가 있지만 단밤에서 대표할 메뉴가 드

러나지도 않았고, 물어보았을 때 자신이 없었다.

교회의 '기본적'인 것은 무엇일까? 교회에 가면 여러 메뉴가 있다. 어린이 프로그램, 목사님의 설교, 청년부, 영상, 찬양팀, 제자훈련, 사회적 사업 등 교회마다 메뉴들이 있다. 교회가 세상에 본질적으로 나타내야 하는 대표 메뉴는 무엇일까?

조이서는 주방장이 자신 있다고 말하는 메뉴를 한입 먹어보더니 다음과 같이 말한다. "맛은 또 왜 이래? 소주로 가글하고 싶다." "홍보, 서비스 이런 것만으로는 부족하다. 결국 가장 중요한 것은 맛인데. 맛이 그냥 그렇다. 이대로는 얼마 못 간다."

교회도 인스타그램을 하고, 블로그도 하고 지금 유튜브 시장에 많은 교회들이 뛰어들었다. 우리는 어떤 맛을 내야 할까? 룻기를 보면 베들레헴에 흉년이 든다. 베들레헴은 히브리어로 떡집, 빵집이란 뜻이다. 빵집에 빵(레헴)이 떨어진 것이다. 빵집에 빵이 떨어지니 엘리멜렉과 나오미가 모압에게 한눈판다. 교회는 세상에서 맛볼 수 없는 복음을 맛볼 수 있는 공동체가 되어야 한다. 교회는 길 되신 예수 그리스도를 통해 죽음에서 생명으로 시작되는 공동체가 되어야 한다.

크면 큰 대로, 작으면 작은 대로

변명보다 사명

우리교회처럼 도시에 개척한 작은 교회는 핑계를 댈 이유가
많다. 자세히 들어보면 안쓰러운 이야기들이다.

- 성도가 적어 일을 하기가 어렵다.

- 힘이 다 빠졌다.

- 영상장비를 다루는 유능한 사역자를 채용할 예산이 없다.

- 문화적인 행사를 할 수 있는 공간이 없다.

- 목회에 전념하기 힘들다.

- 혼자 하려니 두렵다.

- 사람들은 교회를 싫어한다.

상황은 이해가 된다. 그러나 우리는 핑계를 대기 위해 부르심을 받은 사람이 아니라 길이 되신 예수 그리스도를 전하기 위해 부르심을 받은 사람이다.

"내가 달려갈 길과 주 예수께 받은 사명 곧 하나님의 은혜의 복음을 증언하는 일을 마치려 함에는 나의 생명조차 조금도 귀한 것으로 여기지 아니하노라" (사도행전 20:24)

복음을 증언하기 위해 생명조차 귀한 것으로 여기지 아니하는 믿음이 필요하다. 나는 칼 베이터스가 주장하는 대로 변명을 내세우는 대신 믿음을 가져야 한다는 말에 적극 동의한다. 작은 교회 목회자들을 만나 보면 큰 교회에 대한 피해의식, 시대에 대한 피해의식, 재정에 대한 피해의식으로 오히려 분노에 휩싸여 있는 사람들을 간혹 보게 된다. 우리는 큰 교회가 하는 일이 아니라 주 예수께 받은 사명의 길을 묵묵히 걸어가면 된다.

우리도 교회가 크지 못해 예수님의 일을 할 수 없다고 변명하고 있지 않은가. 크기가 커야 예수님의 일을 잘하는 것은 아니다. 크기가 생명을 대체할 수는 없다. 나에게 맡겨진 일을 믿음으로 걸어가면 된다. 크면 큰 대로, 작으면 작은 대로!

전도 책자를 만들다

개척교회 5년째 나와 아내는 거리에서 물티슈를 나누어 주고, 아파트 집집마다 전도지를 붙여 보았다. 겨울에는 따뜻한 차를, 여름에는 시원한 음료수를 대접해 보았다. 점점 느끼는 것은 내가 건네는 전도지가 전단지가 되어버리고 있다는 느낌이었다. 내가 건네고 있는 전도지는 하나님 나라를 전한다기보다 교회 홍보만 하고 있는 느낌이었다. 고민하고 기도하다가 전도지를 직접 만들기로 했다.

여호와의 말씀이 임하였지만 하나님을 떠나 다시스로 갔던 요나를 택해 하나님 나라 이야기를 쓰기로 결정했다. 새벽에 글을 쓰면서 요나의 이야기가 나의 이야기처럼 느껴졌다. 하나님을 떠나 폭풍을 만나 배가 부서진 죄인 요나, 물고기 뱃속에서 하나님을 의지하며 기도할 수밖에 없는 요나, 그럼에도 불구하고 하나님의 은혜를 입은 요나, 다시 사명의 자리로 나아가지만 분노로 가득 찬 요나, 박 넝쿨이 사라질 때 성내는 요나! 요나 안으로 들어가 하나님이 우리를 어떻게 인도하시고, 그분의 나라가 어떻게 이루어져 나가는지를 적어내려갔다.

전도지를 그림책으로 만들기로 콘셉트를 정하였다. 실제로 많은 글을 썼지만 그림책 콘셉트에 맞게 내용을 대폭 줄여야 했다. 글을 쓰는 것도 어려웠지만 넣지 말아야 할 것을 빼는 것이 더 어려웠다. '이 예화 아까운데'라는 마음이 떠나가지 않았다.

생텍쥐페리는 "더 더할 게 없을 때가 아니라 더 뺄 것이 없을 때 완벽해진다."라고 말했다. 전도 책자를 만들며 불순물을 빼다 보니 내가 고백하고 싶은 하나님 나라가 더 선명해졌다. 닐콜이 말하는 사명에 대한 메시지도 전도지에서 불순물을 제거하는데 동기부여를 해주었다.

"사명에는 매력적인 것을 첨가하면 안 된다. 오히려 매력적인 것을 제거해야 한다. 모든 것을 제거하고 가장 중요한 핵심만 남게 되면, 그것이야말로 가장 단순하고 의미심장한 것이 된다. 단순하고 의미심장한 것은 누구든지 기억하기가 쉬우므로 운동을 일으킬 만한 촉매가 될 수 있다."[52]

52 닐콜, 『교회 3.0』 스텝스톤

내가 쓴 글을 중심으로 한 청년이 정성껏 그림을 그려 주었다. 친구 목회자들과 고등학교 국어선생님에게 교정을 받았다. 작은 도서관에 오는 고등학생, 대학생, 특별히 신앙이 없는 학생들에게도 피드백을 받았다. 신앙이 없는 사람들이 전도지를 어떻게 읽고, 어떻게 받아들이는지 귀 기울여 들었다. 이런 노력들이 함께 어울려『걷기 시작하다』라는 28페이지 전도 소책자를 만들었다.

『걷기 시작하다』전도 책자는 PDF 파일로도 만들었다. 카카오톡으로 복음이 필요한 이들에게 하나님 나라를 전했다. 전도 책자는 약 500명의 목회자들에게도 메일을 통해 무료로 나누어 주었다. 캄보디아, 미국, 필리핀, 아프리카에서도 전도 책자를 보내달라는 연락을 받았고, 전해 주었다.

길을 전하게 되다

전도 책자를 만든 뒤 놀라운 일들이 일어났다. 도서관을 통해 관계를 맺게 된 어머님들과 하나님 나라의 복음을 전하는 2개의 모임을 만들게 되었다.

- 수요일: 나, 아내, 전도대상자 (총 3명)

- 목요일: 나, 아내, 전도대상자 (총 3명)

이 모임은 매력적인 것을 보여 주기 위해서가 아니라 길을 전하기 위해 모였기에 부끄럽지 않았다. 인원은 중요하지 않았다. 오히려 한 명에게 진지하게 하나님 나라 복음을 전할 수 있는 기회가 되었다. 이 시간은 가장 목사답고, 목사가 되길 잘했다고 느끼는 시간이었다. 복음을 전하는 시간은 목사로서 의미를 먹는 시간이었다.

복음과 종교를 비교하여 이야기할 때 예상하지 못했던 반응이 있었다. 복음을 들었던 분이 기쁜 소식을 알려주셔서 감사하다는 것이다. 탕자의 이야기를 통해 하나님 아버지의 마음을 나눌 때 뜨거운 눈물이 있었다. 요나를 통해 삶의 방향성이 설정되었다. 그동안 복음을 몰랐기에 자유함이 아니라 더 편협해졌다고 고백한다. 예수를 종교로만 바라보았기에 수년 동안 교회를 멀리했다고 이야기하셨다.

유진 피터슨이 말한 대로 우리는 그리스도를 중심으로 다시 상상되고, 다시 배열되고, 다시 방향을 잡아야 한다. 이것이 세상 속으로 들어간 교회가 할 사명이다. 기도 모임 한두 개에 참여하는 것으로 학교나 교회의 제자 훈련 7단계 과정에 등록하는 것으로 혹은 연간 조찬 기도회에 참석하는 것으로 성취될 수 있는 일이 아니다.[53] 예수로 다시 시작해야 한다. 이 사역을 하기 위해 예수님이 교회를 세우셨다.

교회가 어떤 프로그램을 하지 않았기에 사람이 변화되지 않는 것이 아니다. 복음과 접촉하지 않았기 때문이다. 복음을 전하지 않고 종교를 전하기 때문이다. 복음이 아니라 매력적인 것으로 사람을 끌어 모으려 하기 때문이다. 길을 제시하지 않기 때문이다. 세상은 진지하게 길을 궁금해 하고 있다. 우리는 밤 중에 찾아온 현대판 니고데모들에게 '거듭남'을 진지하게 이야기해야 한다. '어떻게'를 묻는 이들에게 처음부터 예수로 다시 시작해야 함을 선포해야 한다.

이 모임을 통해서 몇 가정이 교회로 연결되었다. 교회를 전해서가 아니라 길을 전하였고, 예수를 영접한 사람들이 함께 모일 때 교회라는 열매를 맺게 된다고 생각한다. 닐콜은 예수와 교회의 우선순위를 명확하게 말하고 있다. 교회가 존재하는 목적은 불신자를 예수께 연결시키기 위해 존재하는 것이다. 주님의 통치를 확장하기 위해, 불신자를 예수께 연결하기 위한 사역

---

53   유진 피터슨, 『그 길을 걸으라』, IVP

으로 생겨난 부산물이 '교회'인 것이다. 닐콜의 말에 귀 기울여
보자.

> "우리는 종종 이것을 거꾸로 생각한다. 우리가 교회를 세우면
> 그곳에 하나님 나라가 임하고 예수님이 영화롭게 될 것이라고
> 믿는다. 사실은 그 반대다. 새로운 지역에 하나님의 통치가 이
> 루어지면 예수님이 영화롭게 되고 바로 그곳에 교회가 세워진
> 다."[54]

교회와 복음의 우선순위를 많은 이들이 혼돈한다. 그러하기
에 빠르게 사람들을 모았지만 성령의 열매는 맺지 못하고 있는
것이다. 교회는 복음의 결과일 뿐 원인이 아니다. 원인은 길 되
신 예수 그리스도이다. 어떤 면에서 우리는 열매와 씨앗을 혼동
하고 있다. 닐콜의 말처럼 교회가 아니라 예수를! 하나님 나라
의 복음을 심어야 한다.

> "교회를 심지 마라! 예수님을 심으라! 하나님 나라의 복음을 심

으라! 그러면 교회는 자연스럽게 자라나 스스로 번식할 것이다. 교회에서 가장 중요한 것은 성도들을 어떻게 조직하고 훈련하고 돌보느냐가 아니다. 중요한 것은 성도들이 예수님을 따르고 사랑하며 그분께 순종하는 것이다. 나머지는 결과일 뿐 원인이 아니다."[55]

소금 다이어트가 희망

3개월 동안 몸무게 18kg을 독하게 뺐던 적이 있다. 여러 가지 방법을 동원했지만 내가 했던 노하우 중 하나는 바로 소금 끊기였다. 소금이 들어간 음식을 거의 먹지 않았다. (김치, 국물 등은 보지도 않을 정도로 소금을 끊었다.) 다이어트를 끝내고 국, 찌개를 먹는데 너무 짰다. 그만큼 우리 입은 소금에 과도하게 길들여져 있었다.

미국에서 처음 피자를 먹었을 때 깜짝 놀랐다. 너무 짜서 평소보다 콜라를 더 먹을 수밖에 없었다. 결국 이것이 악순환이

55 닐콜, 앞의 책

되어 미국식 식습관으로는 살이 찔 수밖에 없다는 생각을 한다.

교회에서 순수하게 선포되어야 할 복음에도 자극적인 것들이 섞인 것은 아닐까? 자극적인 피자에 길들여져 내 혀를 자극하려면 웬만한 음식으로 되지 않는다. 처음에는 OHP로 감사했지만 이제는 스크린, 동영상까지 교회에 스며들었다. 동영상을 만드는 제작자는 밤을 새며 제작하지만 보는 사람은 아무런 감흥이 없을 때도 많다.

자극적인 혀에 자극을 주기 위해서는 더 자극적인 것을 줄 수밖에 없다. 목회도 때로는 본질을 잃고 더 자극적인 것에 매달리고 있는지도 모르겠다. 교회에도 소금 다이어트를 당분간 해 보면 어떨까라는 생각이 든다. 자극적인 것을 당분간 끊어 보고 길에 집중하여 본다면 진정한 변화가 일어나기 시작할 것이다. 한국교회가 본질에 집중한다면 지금도 소망이 있다. 금과 은은 없어도 예수 그리스도의 이름이 있다면 우리는 일어나 걸을 수 있다.

"베드로가 이르되 은과 금은 내게 없거니와 내게 있는 이것을 네게 주노니 나사렛 예수 그리스도의 이름으로 일어나 걸으라 하고"(사도행전 3:6)

PART 4

Why? ———— 변화에서 이유를 찾다

"어린 왕자는 화가 나 있거든요."

안전의 유혹

자격보다 살리는가?

기독교대한감리회에서는 입교인 12명이 예배드릴 장소를 정하고, 지방회 실행부위원회를 통과하는 절차를 거치면 교회 설립이 가능하다. 교회설립 후 연회에 연락을 하면 교단에 소속된 소속증명서도 발급받을 수 있다. 문제는 자격증이 아니라 교회가 사람을 살리지 못하고 있다는 것이다. 정혜신 교수는 '자격증이 있는 사람이 치유자가 아니라 사람을 살리는 사람이 치유자다[56]' 라고 말하였다. 교회에 적용하면 자격증이 있는 공동체가 교회가 아니라 사람을 살리는 공동체가 교회이다. 교회는 살리기 위해 존재한다.

교회는 자격증만 소유한 공동체가 아니라 사람을 살리는 공동체가 되어야 한다. 그런 의미에서 닐콜은 교회 성공 여부를 숫자와 규모가 아니라 영향력에 두어야 한다고 말한다.[57] 우리는 교회 성공 여부를 무엇으로 정의하고 있을까?

개척을 하기 전 교회들을 탐방하는 시간을 가졌다. 대형교회에서부터 지하개척교회까지 많은 교회들을 탐방했다. 주일예배부터 새벽기도까지 교회들을 찾아갔다. 목회자인 나에게도 눈에 들어오는 교회들은 규모와 숫자를 자랑하는 교회였다. 그러나 숫자와 규모를 기대하고 교회에 갔지만 철학, 뉴스, 성공비법만 듣고 있노라면 실망을 하고 돌아온다.

그때 교회를 찾는 분들의 입장에 대해 생각해 보았다. 우선 교회를 찾기가 참 힘들겠다는 생각을 해보았다. 그리고 교회가 자격증으로 만족하고 있는 것을 멈추고 영혼을 살리는 공동체가 되어야겠다는 꿈을 품게 되었다. 교회를 찾고 계신 분이 이

56   정혜신, 『당신이 옳다』 해냄출판사
57   닐콜, 『교회 3.0』 스텝스톤

글을 읽는다면 자격증만 보지 마시고, 살리는 교회! 영향력이 있는 교회를 선택하셨으면 좋겠다.

교회는 성령을 통해 세상을 살리고 변화시키는 공동체이다. 교회를 통해 복음을 듣고 사람들은 하나님과 무너졌던 관계가 회복되어야 한다. 교회는 회복된 주님의 사랑을 다시 세상에 흘려보내는 공동체이다.

안전한 교회

초기 기독교 공동체는 약 300년 동안 심각한 핍박을 당했다. 내부적으로는 유대인들에게 고난을 당했고, 외적으로는 네로, 도미티아누스 등 로마 황제의 박해를 받았다. 지하에서 숨죽여 신앙을 지켰다. 300년이란 시간이 지나면서 교회에 콘스탄티누스라는 안전한 담이 등장한다.

콘스탄티누스 대제는 막센티우스와 로마 근처 밀비안 다리에서 혈투를 벌인다. 전쟁 전날 콘스탄티누스는 키로[XP]의 이미지를 보았고, 군인들에게 방패와 깃발에 키로 이미지를 붙였다. 키로의 방패와 깃발을 든 군인들은 다음날 대승을 거두게 된다. 큰 승리를 거둔 콘스탄티누스는 기독교 공동체에게 선물을 준다. 안전한 담 안에서 신앙의 자유를 허락한다. 콘스탄티누스는 많은 교회를 세우고, 성지순례까지 허락한다. 이로 인해 지하에 숨어있던 그리스도인들이 밖으로 나오게 된다.

하지만 안전한 담에 파리도 꼬이기 시작했다. 많은 사람들은 길을 걸어가기 위해서가 아니라 성공을 위해 교회를 찾아오기 시작하였다. 황제가 기독교 신앙을 갖고 있으니 당연한 결과였을지 모른다. 교회는 성공을 위한 안전한 장소가 되었다.

하나님이 세우신 교회는 복음을 위해 모인 에클레시아였지만 교회는 안전한 담을 더 견고하게 만들었다. 앤디 스탠리가 말한 대로 교회는 자물쇠를 채우고 장소로 만들었다.

"에클레시아는 장소로 변했다. 로마인들은 그런 모임 장소를 각가 바실리카(basilica)라 불렀다. 이는 공공건물이나 공식 집회장을 뜻하는 라틴어 단어였다. 역시 기독교의 영향을 입은 고딕(또는 게르만) 문화들은 키리카(kirika)라는 단어를 썼고, 그것이 현대 독일어의 키르셰(kirche)가 되었다. 이 단어는 주의 집이라는 뜻으로 기독교나 이교를 막론하고 모든 의식을 위한 모임 장소를 지칭하는 데 쓰였다. 키르셰는 장소이지만 에클레시

아는 목적이 있는 사람들의 모임이다. 키르셰의 문에는 자물쇠를 채울 수 있지만 예수님의 에클레시아에는 그럴 수 없다."[58]

사람들은 안전한 교회에서 전도의 필요성을 느끼지 못했다. 교회에 오는 목적 자체가 성공하기 위해 몰려왔기 때문이다. 안전한 교회에서 사람들은 운동하기보다 구경하기 시작했다. 그리고 안정감을 줄 수 있는 자물쇠는 더욱 견고하게 잠가 놓고 있었다.

구경꾼 교회

구글에서 '구경'이란 사진을 검색하다가 한 사진을 보게 되었다. 자살을 시도하는 여성을 보며 수십 명의 구경꾼들이 말리기보다 사진을 찍고 있었다. 《상하이 저널》에서는 구경꾼들의 모습을 이렇게 정리하였다.

---

58 앤디 스탠리, 『노스포인트 교회 이야기』 디모데

지난 6일 오후 2시쯤, 중국 광시(廣西)자치구 텅(藤)현 시장(西
江)대교 위에서 한 젊은 여성이 투신자살을 시도했습니다. 황
색 운동복을 입은 여성은 다리 난간 밖에 선 채 핸드폰을 꺼내
누군가와 통화를 하기도 하고, 뛰어내리기가 두려운 듯 주저하
는 모양이었습니다. 이러기를 무려 30분. 수십 명의 구경꾼들
이 모여들고, 그 속엔 경찰들도 여럿 있었습니다. 그런데 이들
은 누구 하나 이 여성에게 다가가 말을 걸거나 말리려 하지 않
고, 연신 휴대폰에 이 장면을 담기에 바빴습니다. 그 시간 경찰
들은 "아무도 저 여성에게 다가가지 말라"는 말만 계속하면서
오히려 접근을 막았답니다.[59]

투신 자살을 구경하는 구경꾼의 모습은 교회에서도 볼 수 있
다. 예배를 구경하러 오고, 성경을 구경한다. 휴대폰에 장면을
담기 위해서 구경하고 있다. 대학원 때 미국 대형교회를 탐방한
적이 있다. 신학생들과 화려한 회중, 건물의 모습을 담기 위해
카메라 셔터를 눌렀다. 우리는 카메라 셔터를 누르기 위해 교회
를 찾아오고 있다.

---

59 《상하이저널》, http://m.shanghaibang.com/shanghai/mobile/news.php?mode=view&num=
42256

유진 피터슨은 교회의 폐단 중 하나를 평신도가 구경꾼이 되었다는 점을 꼽았다. 평신도가 자기 수입의 일부를 바쳐서 교회를 유지하게 도와주고 난 뒤 구경만 한다는 것이다.[60] 그리스도인들이 일주일에 한 번씩 착실히 대예배를 출석하는 구경꾼이 되어버린 것이다. 구경꾼들이 모인 공동체는 성경이 말하는 교회가 아니다.

생텍쥐페리는 『어린 왕자』에서 익숙함에 속아 소중함을 잃지 말라는 말을 한다. 어린 왕자가 걸작품을 어른들에게 보여주면서 내 그림이 무섭지 않냐고 물어본다. 어른들은 "아니 모자가 뭐가 무섭다는 거니?"라고 대답한다. 어린 왕자가 화가 나는 것은 어른들은 꼭 설명을 해 주어야만 한다는 것이다. 안전하고 익숙한 장소에서 교회는 살리는 공동체가 아니라 어린 왕자를 화나게 만들고 있다. 익숙함에 속아서 교회는 소중한 것을 잃어버리고 있는 것이다.

감리교 창시자 요한 웨슬리는 영국교회의 성직자가 된 지 얼마 안 되어 옥스퍼드대학교 링컨대학 연구교수 자리까지 맡게 된다. 옥스퍼드대학교에서 공부하는 시절에는 찰스 웨슬리와

---

60 유진 피터슨, 『그 길을 걸으라』 IVP

존 웨슬리를 중심으로 홀리클럽을 만들었다. 매일 6시부터 9시까지 기도하고, 시편과 그리스어 신약성서를 읽기 위해 모였다. 매주 성찬을 하고, 규칙적으로 말씀을 읽고 기도하는 모임이었다. 이 모임을 사람들은 성경벌레, 성례주의자, 메소디스트라고 불렀다.[61] 완전한 그리스도인이 되는 것이 웨슬리의 꿈이었다. 학문적으로나 규칙적으로나 빈틈이 없는 인물이었다.

웨슬리는 아버지가 돌아가신 뒤 미국 조지아로 선교여행을 떠나기로 결정한다. 이교도들에게 그리스도의 복음을 전하기 위해서였다. 웨슬리가 탄 배가 겨울철 대서양을 건너며 폭풍을 만나게 된다. 강렬한 풍랑이 배를 강타하였고 죽음의 위기 가운데 처하게 된다. 바닷물이 객실 창을 부수고 돛대까지 부러뜨릴 정도였다.

엄청난 자연의 위력 앞에 위축되고 겁에 질린 웨슬리는 그가 이 폭풍우에서 살아남을 수 있을까 의심한다. 새파랗게 겁에 질린 영국인들은 공포에 떨며 비명을 질렀으나 모라비안 교도들은 풍랑 앞에서도 태연하게 시편을 찬송하고 기도하였다. 겁에 질린 사람은 없었고, 어린아이부터 어른까지 두려워하는 기색

61 남기철, 『성령의 사람, 존 웨슬리에게 길을 묻다』 KMC

이라곤 없었다. 웨슬리는 이들에게 "죽음이 두렵지 않습니까?"라고 물었고, 이들은 "두렵지 않았고 오히려 하나님께 감사했습니다."라고 고백하였다.

신학교 교수이고, 규칙적인 생활을 하더라도 성령의 능력으로 세상에 나아가지 아니하면 풍랑 앞에서 겁에 질린 구경꾼이된다. 그러나 모라비안 교도들은 안전하지 않고, 익숙하지 않은 풍랑 앞에서도 찬양을 한다. 이것이 바로 세상에서 길을 걸어가는 교회의 모습이다.

온라인에서도 인기가 높은 목회자의 설교가 있다. 유기성, 이찬수, 김병삼 등 유튜브 조회수가 꽤 높은 설교자들이 있다. 최근에 신앙을 가지고 있는 분들이랑 이야기를 하면 '이찬수 목사님이 이렇게 말씀하셨어요' '유기성 목사님이 이렇게 말씀하셨어요' 조금 윗세대는 '조용기 목사님이!' '옥한흠 목사님이!' '하용조 목사님이!'라고 하는 말을 자주 듣는다. 그분들에게 나다나엘게 이야기를 했던 빌립의 표현을 빌려 진심으로 말하고 싶다. "네가 와서 직접 보라! Come and see."

"내가 행한 모든 일을 내게 말한 사람을 와서 보라 이는 그리스도가 아니냐 하니" (요한복음 4:29)

정답을 본다고?

죄는 하나님과 우리를 분리시킨다. 선악과를 따먹으면서 인간은 하나님과 분리되었다. 아담과 하와는 에덴동산에서 쫓겨나게 되었다. 죄성을 가진 우리는 내버려두면 끊임없이 분리되고 만다.

"온 땅의 언어가 하나요 말이 하나였더라" (창세기 11:1)

언어와 말이 하나였던 인간들이 꼭대기까지 올라가려는 욕심의 바벨탑을 쌓았다.

"자, 우리가 내려가서 거기서 그들의 언어를 혼잡하게 하여 그

들이 서로 알아듣지 못하게 하자 하시고" (창세기 11:7)

바벨탑은 쌓은 결과 알아듣지 못하게 되었다. 같은 모국어를 쓰는 우리들도 말과 표정이 달라 오해를 낳을 때가 많다. 욕심의 바벨탑은 우리를 흩어지게 만들었다. 하나님으로부터 흩어졌고, 이웃으로부터 흩어졌다.

한국 현대사의 오명 중 하나가 삼풍백화점, 성수대교 붕괴였다. 빨리 급하게 짓다가 연결되지 않아 무너졌다. 겉은 화려했지만 내면은 분리되어 있었다. 교회도 마찬가지이다. 연결된 줄 알았지만 코로나19라는 바이러스에 우리의 민낯이 드러났다. 복음과 삶이 분리되어 있었다. 하나님을 믿는다고 하면서 가정에서 엉망이었다. 교회에서 열심히 봉사한 청년들이 월요일 아침 직장에서 졸고 있었다.

키르케고르라는 철학자가 이런 말을 남겼다. 수학책은 대개 앞부분에 문제가 있고 뒷부분에 정답이 있다. 그런데 뒤쪽의 정답을 본다고 문제를 풀 수 있는 것은 아니다. 뒤의 정답은 "자기 답이 아니다." 언제 그것이 정답이 되는가? 자기가 실제로 문제를 풀었을 때이다.

기독교서점에 가면 신앙의 고민에 대한 책들이 주제별로 수두룩하다. 한국교회 역사가 100년이 넘었으니 신학책부터 간증집까지 가득하다. 신앙서적까지 가기 전에 성경만 보더라도 인생의 길이 분명하게 기록되어 있다. 하지만 나의 삶에서 말씀으로 문제를 풀기 전까지는 자기 답이 아니다.

누가복음과 사도행전

사도행전의 기자는 누가이다. 누가는 성경 두 권을 기록했다.

"데오빌로여 내가 먼저 쓴 글에는 무릇 예수께서 행하시며 가
르치시기를 시작하심부터" (사도행전1:1)

먼저 쓴 글이 누가복음이다. 하나님과 관계를 회복하기 위해
오신 예수 그리스도의 이야기이다. 누가는 먼저 쓴 글 '누가복
음'으로 그치지 않고 그 복음이 실제가 되는 행전을 썼다. 사도
행전은 영어로 acts인데 복음의 삶을 살아가는 행동들의 모음이
다. 세상에서 길을 걸어가는 살아있는 이야기가 사도행전이다.
누가가 '누가복음'과 '사도행전'을 쓴 것은 결국 세상에서 길을
살아내야 하는 것이 우리의 사명이기 때문이다. 유진 피터슨은
누가가 사도행전을 쓴 과제가 무엇인지 분명하게 말하고 있다.

"예수의 구경꾼이 되거나 메시지의 팬이 되지 않도록 하는 것,
이것이 누가의 과제다. 네 명의 저자 가운데 누가만이 다음 세
대를 살아가는 사도들과 제자들의 이야기를 계속해서 들려준

다. 예수의 이야기는 예수에 의해서 끝나지 않는다. 그 이야기
는 그분을 믿는 사람들의 삶에서 계속된다."[62]

예수님은 BTS가 아니다. 우리는 콘서트 장에서 야광봉을 들
고 열광하는 팬이 아니라 교회는 세상에서 예수 그리스도의 길
을 살아내야 한다. 교회는 세상에서 길을 걸어가는 살아 있는
성령의 공동체이다. 교회는 끊임없이 길과 세상을 연결해야 한
다. 세상과 길이 연결되는 거룩한 플랫폼이 되어야 한다.

그러나 우리의 관심은 복음과 행전의 연결이 아니다. 우리의
관심은 이스라엘의 회복이다.

"저희가 모였을 때에 예수께 묻자와 가로되 주께서 이스라엘
나라를 회복하심이 이 때니이까 하니" (사도행전 1:6)

이스라엘은 로마의 속국이었다. 로마로부터 심각한 경제적
인 핍박, 정치적인 핍박을 당했다. 이런 상황 속에서 언제 내 삶
의 문제가 회복될 수 있을지가 우리의 주된 관심이다. 교회의

관심은 사람을 살리고, 함께 길을 걸어갈 사람을 세우는 것이 아니라 '언제 교회의 규모가 커질 수 있을까'에만 머물러 있을 때가 많다. 복음과 삶의 연결에 관심이 없을 때 키르셰에서 자물쇠로 문을 닫고 안전하게 구경하고 있게 된다. 앤디 스탠리는 교회가 '에클레시아'로 운동하고 있는지, '키르셰'로 모이기만 하고 있는지 다음과 같이 질문하고 있다. 교회는 이 질문을 회피해서는 안 된다.

> "우리는 운동하고 있는가, 아니면 그냥 모이고 있는가? 우리는 지역사회에 가시적 변화를 이루어내고 있는가, 아니면 그냥 예배를 수행하고 있는가? 우리는 사명을 중심으로 조직되어 있는가, 아니면 이전 세대로부터 물려받은 낡은 사역 모델을 중심으로 조직되어 있는가? 우리는 예수께서 정말 세상의 소망이신 것처럼 자원을 배분하고 있는가, 아니면 교회 문화의 타성에 이끌려 예산을 책정하는가? 우리는 에클레시아인가, 아니면 키르셰에 안주하고 있는가?"[63]

---

63 앤디 스탠리, 『노스포인트 교회 이야기』 디모데

하나님은 이 세상을 사랑하셔서 아들을 세상으로 보내셨다. 하나님과 단절된 세상이 예수 그리스도를 통해 빛으로 나아갈 길을 열어주셨다. 그리고 하나님은 예수 그리스도가 승천한 뒤 성령을 통해 교회가 세상으로 나아가도록 명령하셨다. 하나님은 이 땅의 교회가 예루살렘, 유대, 사마리아부터 땅끝까지 나아가길 원하신다. 그렇다면 교회는 세상에 나아가 생명을 살리는 운동을 해야 한다. 이것이 하나님이 디자인하신 교회이다. 성령의 능력으로 세상을 변화시켜야 한다. 교회의 모습에 누가복음만 비춰서는 안 된다. 사도행전의 모습이 드러나야 한다.

요한 웨슬리는 조지아 선교에 철저하게 실패하고 영국으로 돌아온다. 구원의 확신 없이 불안한 웨슬리는 1738년 5월 24일 모라비안 교도들의 모임에 참석한다. 모임 중에 한 사람이 로마서의 말씀을 읽는데 웨슬리는 이상하게 마음이 뜨거워지는 체험을 한다. 말씀을 읽는 가운데 웨슬리에게 성령이 역사하시는 회심을 경험하게 된 것이다.

성령의 능력으로 회심한 웨슬리는 친구 횟필드를 통해 야외로 나간다. 웨슬리는 성공회 목회자이다. 영국교회는 건물 안에서 형식을 따라 드리는 예전을 매우 중요시했다. 야외에서 설교하는 것을 이단시 여겼다. 회심한 웨슬리는 성령을 통해 틀을 깨고 복음이 필요한 세상으로 나아갔다. 산업지대, 광산지대에서 성령의 능력으로 복음을 선포했다. 웨슬리의 청중들은 대부분 보통사람들이었다. 가난한 노동자들, 교육받지 못한 사람, 사회에서 소외된 사람들이었다. 옥스퍼드 감옥에서도 설교하였다. 잃어버린 곳에 복음이 전해질 때 사회는 변화되고 있었다.

웨슬리는 다음과 같이 말했다.

"우리는 특별한 사명을 받았다. 길거리나 울타리 밖으로 가서라도 사람들을 끌어와야 한다. 우리가 하지 않으면 이 일을 하지 않을 것이기 때문이다"

"어떤 방식의 설교에서보다도 우리는 야외 설교에서 더욱 위대한 축복을 언제나 발견하기 때문이다"[64]

세상을 바꾸는 시간 10분

콘스탄티누스 황제가 기독교를 공인하며 교회와 국가가 하

64 김진두, 『웨슬리의 실천신학』 진흥

나가 되었던 사회를 크리스텐덤(Christendom, 기독교세계)이라고 말한다. 세상의 힘을 얻은 기독교가 세상의 중심이 된 것이다. 크리스텐덤 안에서는 기독교적인 용어로 소통하는 것이 자연스러웠다. 대한민국도 기독교인들의 영향력이 커지면서 세상도 교회를 향해서 호의적이었다. 그러나 지금은 기독교를 환영하는 시대가 아니다. 크리스텐덤 시대는 이미 지나갔다. 그렇다면 지금이야말로 세상에서 레디컬하게 복음의 빛을 발휘할 때이다.

주일 오후 한 주에 성도님 한 분씩 돌아가며 예수와 함께 살아가는 세상이 어떻게 변화되고 있는지 10분씩 발표할 기회를 가졌다. 제목은 '세상을 바꾸는 시간 10분'으로 지었다. 처음에는 성도님들이 부담스러워하셨다. 그 시간을 우리에게 주지 말고 목사님이 말씀을 가르쳐 주시면 열심히 듣겠다고 하는 분도 있었다. 목사의 설교로 모든 것이 끝났다 생각하면 착각이다. 예수와 함께 살아가는 삶이 있어야 하고 고백이 있어야 한다. 삶의 고백이야말로 진정성 있는 전도이다.

연약함, 실수를 고백하실 때도 있지만 예수와 함께 세상을 살아가려고 몸부림치는 이야기를 들을 때 많은 울림이 있다. 그 울림이 목회자의 기도가 된다. 세상과 동떨어진 교회가 아니라 세상에서 복음의 운동을 하는 교회가 되어야 한다. 성도는 세상에서 거룩한 삶을 살아가는 사람이 되어야 한다.

"일어나라 빛을 발하라 이는 네 빛이 이르렀고 여호와의 영광
이 네 위에 임하였음이니라" (이사야 60:1)

목회자의 성공을 성도 수로 자랑하는 사람들이 있다. 칼 베
이터스가 말한 대로 성도는 목회자의 성공 수단이 아니다. 목적
지까지 실어다주는 버스가 아니다. 길을 걸어가야 할 목적 그
자체이다.[65] 성도는 구경꾼이 아니다. 교회는 예수님을 경배하
고 그분의 사랑을 다른 사람들과 공유하는 사람들을 위해서 존
재한다.

매일 낮 12시 성도님들에게 카카오톡 채널을 통해 기도문을
보내고 있다. 기도문을 적으며, 무엇을 위해 기도해야 할까? 하
나님의 마음은 어디에 있을까? 묵상이 된다.

하루는 평소보다 일찍 교회에 도착했는데 성도님 한 분이 교
회에 앉아 기도하고 있었다. 석 달째 주일에 교회에서 뵙기 힘
들었던 분이다. "목사님! 죄송해요. 주일에도 일을 하고 있어요.

밀린 월세를 해결해야 해서요. 그래도 공장에서 새벽에 일을 마치고, 잠시 교회에 들러 목사님이 보내주신 기도문도 읽고, 매일 성경 녹음파일도 듣고 가요."

부끄러웠다. 그리고 감사했다. 목회자가 보고 있는 틀 밖에서도 하나님께 나아가고 있는 귀한 분들이 계시다. 내가 정해 놓은 규격 안으로 사람들을 이끌기보다 그렇지 않을 때, 조급해하기보다 하나님의 마음과 가까워지는 목회가 되길 기도한다. 각자의 자리에서 하나님께 나아가고 있을 누군가를 생각하며 '정오기도회' 기도문을 정성껏 적어본다.

복음을 전하다

우연히 알게 된 고등학교 국어 선생님과 제자훈련 4기를 시작하였다. 1:1이어도 한 사람을 만날 수 있다는 것 자체가 감사하다. 제자훈련 첫 번째 만남을 마치고 표지를 심각하게 보시더니 직업병이라며 오타를 지적해 주신다. 오타를 지적해도 한 사람에게 복음을 전할 수 있다는 자체가 감사하다.

세길교회 도서관이 존재하는 가장 큰 목적은 예수님을 전하기 위함이다. 8주간 '공감대화' 모임이 끝나고, 4주간의 독서 모임이 끝나갈 때 하나님에 대해 알아가기 원하는 한 어머님을 알게 되었다. 개인적으로 복음에 대해 나누어 보자고 권면했고 감사하게 어머님은 남편과 함께하고 싶다고 요청했다.

토요일 오후 2~4시 8주간 만남을 갖기로 했다. 모임을 하는 동안 자녀는 아내가 집에서 돌보기로 했다. 도서관 프로그램을 진행할 때는 편하고 따뜻하게, 그러나 복음을 나눌 때만큼은 진지하게 나누고 싶다. 첫 시간은 복음과 종교를 비교하며 누가복음 15장을 함께 나누었다. 하나님, 교회, 세상과 우리는 어떤 관계를 하며 살아가고 있는지에 대해서도 나누었다.

매주 수요일 오후 1시 30분부터 2시간씩 두 어머님과 하나님 나라를 전하고 있다. 시작한 지 벌써 4주째이다. 현재 상황은 2주 전부터 한 어머님이 자녀와 함께 예배에 출석하였고, 중고등부 수련회도 같이 가기로 하였다.

한 어머님은 예배에 출석하시지는 않지만 이 모임을 사모하며 참석하고 계시다. 지난주 라오스 출국 전에도 모임을 하고 바로 인천공항으로 가셨는데, 돌아오시던 날 곧바로 모임에 참석하실 정도였다. 모임이 끝나갈 때 쯤 한 어머님이 '여행을 좋아해서 남편과 주말에 여행을 가면 한 달에 교회에 2번밖에 못 올 것 같은데 그래도 믿음을 가질 수 있나요?'라는 질문을 하셨다. 이 질문을 가지고 '고백'이란 접근으로 1시간은 더 이야기를 나누게 되었다. 내게 솔직하게 질문한다는 것이 참으로 감사하다.

어머님의 질문을 들으며 구도자가 되는 첫걸음 중에 주일성수, 십일조 등 교회가 만들어 놓은 '규칙들'이 오히려 아이러니하게 하나님께로 나아가는 장애물이 될 때가 많음을 느낀다. 질문을 어떤 방향으로 어떻게 풀어가는지가 한 영혼을 잃어버릴 수도 또는 종교인으로 만들어 버릴 수도 있고, 아니면 하나님을 사랑하는 건강한 발걸음을 내딛는 구도자가 되어 가는 출발이 될 수도 있을 것이다.

그런 의미에서 구도자가 교회에 건강한 질문을 할 수 있는 분위기와 장이 마련되는 것이 참 중요하다고 본다. 세상이 교회에 질문할 수 있는 교회를 꿈꾸며 기도한다.

사랑을 나누다

3개월 전 길에서 한 노숙자 아버님에게 전도를 했다. 아버님이 우리교회를 다니고 한 달쯤 지났을 때 주일에 보이지 않았다.

수요일도 참석하시던 분이 나오지 않아 걱정이 되었는데, 아버님에게 핸드폰이 없어 연락할 방도가 없었다.

그 다음날 월요일 동국대병원에서 전화가 왔다. 아버님이 현재 병원 중환자실에 입원해 계시다는 것이다. 병원에 찾아갔더니 밥을 제대로 먹지 못해 영양실조와 빈혈이 심각하고, 빈혈 때문에 계단에서 굴러 다리가 심하게 골절되었고, 온몸이 피투성이가 되어 있었다. 아버님 옷 속에 있었던 교회 볼펜에 내 전화번호가 적혀 있어서 연락했다는 것이다.

아버님은 약 2주간의 치료를 받았다. 소화기내과, 정형외과. 아내와 성도님들과 이틀에 한 번씩은 찾아가서 기도해드리고 간식도 사드렸다. 주일에는 병원에서 처음으로 교우들과 함께 예배도 드렸다.

퇴원할 때 쯤 간호사가 불러 원무과에 가서 중간 정산을 했는데 깜짝 놀랐다. 아버님은 15년째 주민등록이 말소되어 있고 건강보험이 하나도 적용되지 않아 병원비가 400만 원이 넘었다. 그리고 퇴원하는 날의 병원비는 490만 원이었다. 아버님은 발을 동동 구르셨고, 나와 약속하고 끊었던 담배까지 몰래 피우셨다.

교회에서 성도님들과 함께 아버님을 위해 기도하고 몇 분의 성도님이 헌금해 주셨다. 교회의 기타교실을 수강한 아주머님의 수강료도 아버님을 위해 전액 사용하기로 하였다. 내 페이스북 글을 보고 몇몇 후배 전도사님들이 후원을 해주셨다. 그래도 턱없이 부족한 금액이기에 주민센터, 구청에 전화를 넣었는데 감사하게도 우리나라에는 '행려자'를 지원하는 정책이 있었다. 복지팀의 도움을 받아 아버님에 관한 모든 서류를 처리하게 되었다.

고양시에서 아버님을 행려자로 등록을 해주서서 430만 원을 지원받았다. 그리고 동국대병원에서 의사, 간호사 선생님들이 모금해 놓았던 약 60만 원의 금액을 지원하기도 했다. 교회 헌금과 수강료를 모아서 아버님의 옷, 속옷, 목발, 신발을 사드렸다. 목발을 짚고 몸이 많이 좋아져서 마침내 완쾌되어 퇴원할 수 있었다.

아버님은 퇴원하셨지만 다시 삶으로 돌아오는 것이 문제였다. 고양시에는 노숙자와 관련된 시설이 하나도 없고 서울역에나 시설이 있는데 수십 년째 고양시에서 살아오신 아버님은 가기 싫다고 하셨다. 아버님은 전에 있던 찜질방 지하로 가겠다고 하셨고, 우리교회에서 더이상 해결할 수 있는 재정 또는 여건이 안 되기에 찜질방 지하에 모셔다 드려야 했다.

주일날 아버님은 목발을 짚고 다시 교회에 나오셨다. 모든 성도님들이 환영하니 매우 좋아하시면서 함께 식사도 하고 돌아가셨다. 그런데 수요일에 아버님이 보이지 않았고, 주일에도 보이지 않았다. 그리고 그 다음주 수요일에 모르는 번호로 전화가 왔다. 술 취하고 옷에 피가 흠뻑 묻은 사람이 고시원 복도에 쓰러져 있다는 것이다. 어디 사냐고 전화번호를 물어보니 또 내 전화번호를 알려줬다고 한다.

고시원의 연락을 받고 도착해 보니 아버님의 옷은 피범벅이었다. 온전히 회복되지 않은 상태에서 다시 술을 입에 대는 바람에 정신을 잃고 쓰러지며 피를 토하고 말았다. 근처 옷가게에서 옷을 사서 갈아 입혀드렸다. 너무 화가 나서 아버님에게 화라는 화는 다 내었다. (내가 준 돈으로, 술 사 먹고 쓰러져 있는 모습에, 너무 화가 난 것 같다) 아버님은 미안하다고 하고는, 아무리 노력해도 나 같은 사람은 어쩔 수 없다고 하시며 우셨다.

그때가 밤 11시쯤이었는데 맥도날드 햄버거를 드시도록 사드렸다. 며칠 동안 아무것도 먹지 못했다고 하셨다. 식사 후 아버님을 목욕탕에 모셔다 드리고 내일 아침에 교회에서 만나자고 했다.

아버님은 행려자 기간도 끝나서 병원으로부터 더 이상 어떤 혜택도 받을 수 없었고 아직 깁스를 하고 있었기에 앞으로 치료 문제도 큰일이었다. 우선 건강보험과 주민등록부터 살리기 위해 주민센터를 찾아갔다. 아버님은 주민등록이 말소되었기에 사진, 지문, 어떤 자료도 남아 있지 않았다. 결국 경찰서에 지문 자료 요청을 하게 되었고, 3주 정도의 시간이 걸릴 것 같다고 했다. 그리고 주민등록이 말소된 지 오래되었기에 벌금 10만 원을 내야 한다는 것이다.

나는 구청과 사회복지팀의 문의를 통해 기초생활 수급신청을 하기로 했다. 그러나 쉬운 것은 하나도 없었다. 서류가 만만치 않았다. 주민센터에서 경찰서의 지문 자료 확인이 끝나서 만들 수 있다고 했고, 교회에서 벌금을 지불한 후 아버님을 우리집 주소지에 포함하고 나서야 사진을 준비하여 주민등록증을 신청했다.

며칠 뒤 주민등록증이 나왔고, 동시에 건강보험도 살렸다. 아버님에게 주민등록증을 드렸더니 웃으신다. 사람 한 명 살려주셔서 고맙다고 하신다. LH공사, 구청직원과의 만남을 통해 기초생활 수급자를 신청했지만 아버님의 나이가 걸려 통과되지 못하였다. 그래도 아버님에게 주거급여를 지원해주시기로 하셨다. 매달 10만 4천 원!!! 주거급여가 지원되었다. 기초생활 수급자는 통과되지 못했지만 건강보험은 복지 2급 판정을 받은 덕분에 무료 혜택이 주어졌고, 3개월간은 일을 할 수 없다는 진단서가 있어서 그동안 다달이 45만 원씩 주거급여 외에 지원을 받을 수 있었다.

3개월이 지나면 아버님이 자활훈련에 참여하도록 신청하고, 고양시에서 연결해주는 직업훈련 교육도 받고 일을 하기로 했다. 두 다리에 장애가 있으셔서 손쉽게 하실 수 있는 일을 연결하도록 복지팀 직원분이 안내해주었고, 그 일을 처리하는 과정에 고양시 복지관의 후원으로 고시원 두 달 임대료를 기적적으로 지원받게 되어 아버님은 고시원에 들어가시게 되었다.

아버님에게 이제부터 교회 올 때는 목욕을 꼭 하고 오시라고 말씀드렸다. 집에 있는 세제와 섬유유연제도 덜어드렸고 김도 챙겨드렸다. 얼마나 순종을 잘하시는지 그 다음주부터 깨끗하게 씻고 면도를 하고 교회에 오시는데 딴 사람이 된 줄 알았다. 원래 이렇게 잘생긴 얼굴이었냐고 하니 웃으신다.

아버님을 모시고 은행에서 통장과 체크카드를 만들었다. 그리고 처음 통장에 돈이 들어오던 날, 아버님과 단단히 약속을 하고 통장과 체크카드도 드렸다. 이 카드로 병원 진료도 제대로 받고, 돈도 잘 저축해서 행복하게 살기로!!! 약속 안 지키면 화낼 거라고, 협박도 했다.

통장과 카드를 받은 아버님이 활짝 웃으셨다. 아버님은 하나님 잘 만나서 그렇다고 말씀드렸다. 이제는 병원도 혼자 버스 타고 잘 다녀오시고 고시원에서 밥도 잘 해드시고, 가끔 늦잠자면 교회 못 올 때도 있지만 교회도 잘 나오신다.

그때가 길거리 전도를 하다가 아버님을 만난 지 3개월이 지날 무렵이었는데, 단순히 적은 금액을 지원하는 것도 좋지만 어떻게 살아갈지를 알려주고 살아갈 수 있는 기본 조건을 돕는 것이 얼마나 중요한지를 깨닫게 되었다.

그때는 교회를 개척한 지 8개월이 지나고 있을 때였다. 페이스북에 올리지 못하는 숨어있는 외로움, 힘든 일이 많았다. 그러나 작은 교회를 통해서도 하나님은 아름다운 일을 이루어 나가실 수 있고 우리가 그분의 통로가 될 수 있음을 느낀다.

아버님은 조금 다리를 저는 것을 제외하고 몸이 많이 회복되셨다. 고시원에서 잘 생활하고 계신다. 이제 간간이 마트 등에서 일도 하고, 주일에는 세길교회에서 함께 예배를 드린다. 그 다음 주일에는 처음으로 헌금을 하시고, 예배 끝나고 딸(하이)을 안아주시면서 용돈 만 원을 손에 쥐어주신다. 그 만 원이라는 액수가 어느 누구에게는 작은 액수일지 모르지만, 또 그게 무슨

대단한 일이냐고 할지 모르지만, 10년 이상 수입이 없이 노숙자로 살았던 아버님을 볼 때 내게는 주님이 크다고 하시는 과부의 두 렙돈 같았다.

아버님이 드린 마음과 우선순위가 너무 귀해 개척교회 목사로서 한없이 부끄러웠다. 나의 개인적인 욕심은 개척교회에 빨리 숫자가 늘고 인기가 높아지는 교회일지 모른다. 그러나 주님은 한 사람이 세워지고 한 사람이 돌아오고 살 힘이 없던 한 사람이 살아가도록 조그마한 지지대가 되어주는 것이 목회가 아닐까. 그 마음을 주신다.

무화과나무 아래가 건강한 교회

아미에요?

선배 목사님의 딸이 하루는 "엄마, 아미에요?"라고 물어보았
다고 한다. "엄마, 암 아니야! 건강해."라고 대답하자 딸은 더 큰
소리로 "엄마! 아미냐고요?" 물었다는 것이다. "엄마 건강하다니
까." 이렇게 대화가 몇 차례 오고갔다는 이야기를 들었다. 이 아
이는 방탄소년단의 광팬이었다.

방탄소년단이 최근 발표한 '다이너마이트'는 공개 첫날 한국
가수 최초로 '글로벌 톱 50' 차트 정상을 차지함과 동시에 글로

벌 스트리밍 수 777만 8,950회를 달성했다. 올해 스포티파이 집계에서 발매 첫날 최다 스트리밍 기록을 세웠다고 한다.[66] 뮤직비디오는 나흘만에 2억뷰를 기록했다. 미국 CNBC사에 기사에 의하면, BTS는 앞으로 10년간 한국 경제에 37조 원 이상 가치를 가져다줄 것이라고 추측한다.

세계적으로 막강한 영향력을 끼치고 있는 방탄소년단의 팬클럽의 이름이 '아미'이다. A.R.M.Y는 육군, 즉 군대라는 뜻이다. 방탄소년단 공식 팬카페에 우선 가입하여 준회원이 된 후, 공지사항을 읽고 게시판에 정해진 양식에 따라 모든 공식 문제를 정답에 맞게 풀면 운영자가 확인 후 정회원으로 승격시켜준다. 가입비는 33,000원이다. 지금 팬클럽에 가입된 회원만 100만 명이 넘는다.

공식 문제를 풀고, 33,000원이란 돈을 내도 우린 아미를 팬이라고 말하지 제자라고는 하지 않는다. 나는 HOT, 젝스키스, 핑클, SES 등 아이돌 1세대 팬이었다. 당시 HOT 노래를 달달 외웠지만 지금도 그들에게 열광하지 않는다.

팬은 매력에 따라 형성된 관계이다. 노래, 외모, 춤, 퍼포먼

---

66 《뉴시스》 https://newsis.com/view/?id=NISX20200827_0001144073&cID=10601&pID=106
    00

스 등 매력에 의해 만들어진 관계이다. 매력에 의해 형성된 관계는 매력이 없어지면 쉽게 등을 돌릴 수도 있다는 것이다. 그래서 소속사들은 더 매력적이게 보이기 위해서 프로필의 몸무게를 속이기도 하고, 나이를 속이기도 하고, 연애나 결혼 사실을 숨기기도 한다.

신앙생활도 제자로 걸어가는 사람이 있고, 팬처럼 신앙생활하는 사람들이 있다. 매력적인 일들이 있을 때는 열광적이었다가 예수님이 십자가에 못박히실 때, 매력이 없어 보일 때 금새 등을 돌린다.

요요신앙

여름이 오면 많은 사람들이 다이어트를 하기 시작한다. 다이어트를 작정한 사람들이 살을 열심히 빼다가 겪는 현상 중 하나가 요요현상이다. 예일대학교 철학 박사 켈리 D. 브라우넬이 처음 만들어낸 단어로 요요가 위 아래로 계속 오르내리는 것에서 유래한 단어이다. 다이어트를 하면서 체중이 줄었다가 다시 늘어나는 것을 반복하는 현상을 보고 이야기한 것이다.

요요현상을 겪으면 어차피 운동해도 소용이 없다고 생각한다. 다이어트를 해서 살을 빼는 것보다 이후가 더 중요하다. 건강한 몸을 유지해 가는 것이 더 중요하다. 호수공원에서 운동을 하다 보면 매일 정해진 시간에 오는 분들은 운동을 더 이상 안 해도 될 것 같은 사람들이었다. 그들은 건강한 몸을 유지하기 위해서 남들이 보지 않는 시간에 몸부림치고 있었다.

요한복음 6장에서 예수님은 '오병이어'로 남자만 5천 명을 배불리 먹이시고 12광주리가 남는 표적을 일으키신다. 사람들은 이 표적을 보고 예수님을 임금으로 삼으려고 한다. 예수님이 임금이 되면 로마의 압제로부터 자유하게 할 수 있을 것 같고 평생 배고프지 않을 것 같기 때문이다. 생명의 떡이신 예수 때문이 아니라 보리떡 때문에 예수를 따라가려는 것이다. 겉으로 볼 때 요요가 위까지 올라온 것처럼 느껴진다. 생명의 떡이신 예수의 근거한 믿음이 아니라 표적에 근거한 사람들, 보리떡에 근거하여 예수께 나아오는 사람은 요요가 쉽게 올라왔다가 너무 쉽게 내려간다.

"그때부터 그의 제자 중에서 많은 사람이 떠나가고 다시 그와
함께 다니지 아니하더라" (요한복음 6:66)

그래서 예수님은 제자들에게 표적 뒤에 조치를 취하신다.

"예수께서 즉시 제자들을 재촉하사 자기가 무리를 보내는 동안
에 배를 타고 앞서 건너편으로 가게 하시고" (마태복음 14:22)

많은 무리와 인기, 거품에 취하지 못하도록 제자들이 배를
타고 건너편 가버나움으로 가게 하신다. 인기와 표적에 근거한
믿음이 되지 않기를 원하시는 것이다. 건강한 신앙은 표적에 취
한 자가 아니라 배를 타고 건너편으로 건너가는 사람이다. 예수
님은 우리가 요요신앙이 아니라 일상에서 제자로 살아가기 원
하신다.

눈에 띄지도 않는다

예수님은 빌립이 나다나엘을 부르기 전에 무화과나무 아래
에서 있는 모습을 보셨다. 무화과나무는 이스라엘에서 흔히 볼
수 있는 울창한 나무이다. 하도 많다 보니 무화과나무 아래에
있는 것은 눈에 띄지도 않는다.

"나다나엘이 이르되 어떻게 나를 아시나이까 예수께서 대답하
여 이르시되 빌립이 너를 부르기 전에 네가 무화과나무 아래에
있을 때에 보았노라" (요한복음 1:48)

무화과나무 아래에서 있었다는 것은 이스라엘의 관용적인
표현이다. 무화과나무 아래 있다는 것은 무화과나무 아래에서
성경을 보고, 기도하며 하나님과 교제하고 있을 때 이런 표현을
쓴다. 중심을 보시는 하나님은 남들에게 띄지는 않지만 일상에
서 하나님과 교제하고 있는 시간을 보신다.

제56회 백상예술대상에서 TV 부문 대상을 받았던 '동백꽃
필 무렵'에 제시카라는 인물이 등장한다. 다른 사람들의 시선으
로만 살아가지 일상이 없는 인물이다. KBS 홈페이지에서는 제
시카를 이렇게 소개한다.

"관상용 와이프, 관상용 셀럽, 관상용 인생.
49kg의 강박, "좋아요"의 강박, 인증샷의 강박에서 벗어나질 못
한다. 정말로 예쁜 게 다가 되어버린, 어쩌면 짠한 여자.
동백이 남이 뭐라든 행복한 인생을 산다면,
제시카는 남 보기에 행복한 인생을 사느라 외로운데,

그녀는 그 작고 외로운 사각형의 세상에서 탈출할 수 있을까."

교회도 마찬가지로 변하는 것 같다. 무화과나무 아래의 시간은 가볍게 여기고 이벤트를 만든다. 연예인을 부르고, 예배도 화려한 이벤트로 만든다. 그러나 하나님이 주목하시는 시간은 무화과나무 아래의 시간이다. 그래서 초대교회는 날마다 치열하게 세 가지 운동을 하며 살았다. 매일 성경, 매일 사랑, 매일 기도.

"그들이 사도의 가르침을 받아 서로 교제하고 떡을 떼며 오로지 기도하기를 힘쓰니라"(사도행전 2:42)

1. 매일 성경 : 날마다 사도의 가르침을 받고

교회로 살아가는 성도들은 매일의 일상에서 사도의 가르침을 받아야 한다. 사도는 보내심을 받은 자라는 뜻이다. 예수님은 사도를 세워 하나님의 역사를 이어나가게 하셨다.

"항상 우리와 함께 다니던 사람 중에 하나를 세워 우리와 더불어 예수께서 부활하심을 증언할 사람이 되게 하여야 하리라 하

거늘" (사도행전 1:22)

사도는 예수와 늘 동행하던 자 중에서 부활을 증언할 12명
이다. 예수와 동행하는 사람의 가르침을 받아야 한다. 말만 잘
하는 사람의 소리에 속지 말아야 한다. 예수로 살아가는 사람의
말씀을 공급받아야 한다. 죽음을 끝으로 보지 않고 부활생명을
증언하는 사람의 가르침을 받아야 한다. 어떤 이들은 예수를 믿
는다고 하면서 매우 부정적이다. '끝'을 '끝'으로 이야기하는 사
람들의 가르침을 받지 말아야 한다. 죽음을 이기시고 승리하신
생명의 말씀을 들어야 한다.

"너희는 사도들과 선지자들의 터 위에 세우심을 입은 자라" (에

베소서 2:20)

예수님은 믿음의 기초가 바로 세워진 사도들과 선지자들의
터 위에 교회를 세우셨다. 성령이 역사하시는 교회는 말씀 위에
세워진 교회이다. 건강한 교회가 되기 위해서는 바른 말씀의 가
르침을 받아야 한다. 미혹하는 거짓선지자들의 가르침을 받으
면 영혼이 파괴 된다.

개척할 때부터 지금까지『매일성경』QT 책을 성도들에게 나누어 주고 있다. 교회는 삶 속에서 매일 말씀을 들어야 한다. 매일 새벽 교회에서 매일성경 본문에 따라 말씀을 묵상해서 녹음을 한다. 녹음파일을 사운드클라우드, 유튜브를 사용해서 카톡으로 매일 전송한다. 스마트폰에서는 말씀에 반응하는 '아멘'이란 답장이 돌아온다. 말씀이 삶 속에서 매일 '아멘'으로 반응해야 한다.

2. 매일 사랑 : 날마다 교제하기를 힘쓰고

교회 다니며 상처받았다는 사람의 이야기를 자주 듣는다. 성도는 목사님께 상처받고, 성도끼리 상처받고, 목사는 성도에게 상처받았다고 한다. 교제하다 상처를 받아서 교회가 깨어지기도 한다. 교제 때문에 시험이 들까 봐 사적으로 만나는 교제 모임을 매우 염려하는 목사님도 있고, 때로는 감시하기도 한다.

그래서 이런 주장을 펼친다. '교회에 교제가 필요한가?' '말씀 듣고 예배만 드렸으면 되었지 왜 교제하는가?' 이것은 잘못된 주장이다.

"믿는 사람이 다 함께 있어 모든 물건을 서로 통용하고 또 재

산과 소유를 팔아 각 사람의 필요를 따라 나눠 주며" (사도행전

2:44-45)

성령이 임하는 공동체는 뜨겁게 사랑하고 필요를 따라 나누게 된다. 본회퍼는 "그리스도가 타자를 위한 존재이고, 그를 따르는 그리스도인들도 타자를 위한 존재이며, 그리스도인들이 모인 공동체도 타자를 위한 교회가 되어야 한다"고 말한다.[67]

고린도전서를 보면 고린도교회에도 교제가 있었다. 그러나 교제 때문에 교회 안에서 상처를 받고 있었다. 당시 성찬은 애찬과 연결되어 있었다. 성찬을 시작하면 부자들은 일찍 와서 다 먹어 치웠고 늦게 온 사람은 굶주리게 되었다. 이 문제로 고린도교회는 서로를 비난하였다.

"만일 누구든지 시장하거든 집에서 먹을지니"(고린도전서 11:34)

성경이 말하는 교제는 단순히 먹고, 마시고, 세상살이를 푸념하는 교제가 아니라는 것이다. 그런 식탁의 교제는 집에서 먹

---

67 디트리히 본회퍼, 『나를 따르라』 복있는 사람

으라고 이야기한다. 교회가 회복해야 할 교제는 사도행전 2장 42절의 교제이다.

'서로 교제하고'의 양 사이드에 '사도의 가르침'(말씀)과 '기도하기'가 있다. 이것이 교회가 회복해야 할 교제이다. 우리는 말씀을 듣고 애찬을 한다. 애찬을 하면서 차도 마시고 식사도 하며 이야기를 나누는데, 이야기를 하면서 상대방의 연약함을 듣게 된다. 그 이야기를 하나님이 듣게 하신 이유가 무엇일까? 기도하라고 교제하게 하신 것이다. 그러나 우리는 교제한 뒤 소문을 낸다. 교제한 뒤 흉을 보고 손가락질을 한다.

공산주의와 사도행전 2장은 매우 유사해 보인다. 하지만 제일 큰 차이는 공산주의의 교제에는 말씀과 기도가 빠져 있다. 말씀과 기도를 뺀 교제는 허무함만 남는다. 교회에도 교제가 있지만 허무하게 끝날 때가 있다. 교제 앞에 말씀과 뒤에 기도가 없기 때문이다.

3. 매일 기도 : 날마다 오로지 기도하기를 힘쓰니라

교제하며 지체의 아픔과 눈물에 대해서 알았다면 매일 기도하기를 힘써야 한다. 아픔을 알았을 때 흉을 보고 욕을 하고 뒤에서 뒷담화를 하기에 힘쓰는 것은 사도행전적 교회가 아니다.

교회는 그 아픔과 눈물을 가지고 여호와 앞에 나아가 기도에 힘써야 한다

열왕기하 19장을 보면 앗수르의 침략, 산헤립과 랍사게의 조롱으로 인하여 히스기야는 환난, 징벌, 모욕을 당하였다. 그의 인생이 아이를 낳아야 하는 산모가 해산할 힘이 없는 것처럼 힘들었다.

히스기야는 산헤립의 조롱의 편지를 받고 여호와의 성전에 올라갔다. 성전에 올라가서 그 편지를 펼쳤다. 기도는 내 삶의 문제를 하나님 앞에 펼치는 것이다. 교회에서 교제하며 공동체의 아픔의 이야기를 들었다면 여호와 앞에 펼쳐 놓고 기도해야 한다.

"히스기야가 사자의 손에서 편지를 받아보고 여호와의 성전에 올라가서 히스기야가 그 편지를 여호와 앞에 펴 놓고 그 앞에서 히스기야가 기도하여 이르되" (열왕기하 19:14-15)

PART 5

Why? ———————— 교 회 를 고백하다

"리모델링 할까요, 재건축 할까요?"

종교장사를 하는 순간

교회! 세상이 줄 수 없는 기쁨

영양이 높은 음식일수록 관리가 매우 중요하다. 마트에서 우유나 고기를 사 오면, 집에 오자마자 하는 일은 냉장고에 보관하는 일이다. 깜빡하고 우유를 냉장고에 넣지 않으면 썩어버린다. 영양이 높은 음식일수록 썩으면 악취는 심각하다. 김기석 목사는 가장 아름다운 것이 타락하면 가장 추하다고 말했다.

집에서 칼은 필수적이다. 칼을 잘만 사용하면 풍성한 음식을 만드는 귀한 도구가 될 수 있다. 그러나 잘못 사용하면 칼은 사람을 다치게 하는 도구, 죽이는 도구가 될 수도 있다. 하지만 그런 위험성이 있기에 칼을 버리지 않는다. 오히려 조심하고, 긴장하고, 목적에 맞게 사용하면 된다.

교회! 세상이 줄 수 없는 기쁨과 생명을 맛볼 수 있는 곳이다. 사도행전을 보면 성령의 능력으로 세상을 변화시키는 공동체가 바로 교회이다. 수천 년의 교회역사를 보면 교회가 사명과 거룩함을 잃어버리면, 가장 추하고 더러운 악취가 나던 곳도 교회이다. 다른 공동체에서 받은 상처보다 교회에서 받은 상처가 치명적이다.

겉으로는 거대한 성베드로 성당을 지으면서 성당을 짓기 위해 면죄부를 팔며 종교장사를 하는 교회의 모습은 역사 속에서 가장 추한 모습 중 하나였다. 그래서 교회는 필요없다는 말을 할 수도 있다. 그것은 바른 신앙이 아니다. 더 조심하고, 긴장하며 예수님의 목적에 맞는 교회를 세워 나아가면 된다. 목욕물과 함께 아이를 버리지 말라는 속담처럼 아이까지 버리는 것은 어리석은 일이다.

청소를 하기 위해서는 있는 물건들을 제대로 배치하기도 하지만 버릴 것은 버려야 한다. 리모델링을 할 수 있는 것이 있고 아예 허물고 처음부터 벽돌을 쌓아 올리는 경우가 있다. 건축가는 판단을 한다. 이 건물은 재건축을 해야 하는가? 리모델링하는 것이 나은가? 리모델링이 아니라 처음부터 다시 시작해야 하는데 많은 돈을 들여 리모델링을 하다가 건물 전체가 무너지는 모습을 간혹 본다. 코로나 시대에 교회는 리모델링을 해야 하는가? 아니면 처음부터 허물어야 하는지를 제대로 점검해야 한다.

비둘기 밖에 드릴 수 없는 사람

유대인은 성전을 중심으로 생활을 하였다. 구체적으로 말하면 성전에서 드리는 제사가 유대인의 중심축이었다. 제사를 위해서는 제단, 제사장, 제물이 필요하다. 제단과 제사장은 예루살렘 성전에 준비되어 있다면 제물은 자신이 가지고 와야 한다. 그리고 그 제물은 흠 없고 정결한 짐승을 준비해야 한다.

성전에서 제사장은 제물로 바치기 위해 가지고 온 짐승의 눈부터 확인을 한다. 눈이 빨간 짐승을 가지고 오면 제사장은 돌려보낸다. 흠이 없는 예물을 하나님께 바치기 위해서 몸부림친 것이다. 과거에 믿음의 선배들은 토요일이면 다리미질을 했다. 하나님께 드릴 헌금이 구겨지면 안 된다는 믿음이 있었다.

하지만 예루살렘에서 먼 지방에서 오는 자들이 흠 없는 짐승을 가져오기란 쉽지 않았다. 산을 넘고, 광야를 지나다보면 예루살렘까지 흠 없이 제물을 가져오기란 쉽지 않았다. 우리 주변에도 성전과 멀리 살고 있는 삶의 끝자락에 있는 사람일수록 흠 없이 살아간다는 것이 쉽지 않다.

토익 1점이라도 더 올리려고 공부하는 청년들, 스펙을 쌓아 가지만 취업이 되지 않는 청년들, 코로나로 가게 문을 닫아야 할 위기에 있는 자영업자, 결혼을 앞두고 경제적인 문제 때문에 갈등을 겪는 커플, 가정에서 관계적인 문제 때문에 힘들어하는 청소년, 건강적인 문제로 병원에 입원한 환자, 상사의 갑질로 스트레스를 받고 있는 직장인, 하루하루 살아가다 보면 삶에 흠이 생긴다. 교회는 삶의 끝자락에 있는 이들도 은혜의 자리로 갈 수 있는 길을 열어야 한다.

"성전 안에서 소와 양과 비둘기 파는 사람들과 돈 바꾸는 사람들이 앉아 있는 것을 보시고"(요한복음 2:14)

하나님께 소나 양을 바칠 능력이 있는 형편의 사람도 있지만 마음은 있는데 비둘기를 드릴 수밖에 없는 사람들도 교회에 올 수 있어야 한다. "우리교회는 교수들이 모인 교회에요" "우리교회는 청년교회에요!" 신학교 시절에는 부러웠지만 성경을 보면 볼수록 성경적이지 않다. 노인은 차별을 받고 함께할 수 없는 교회라면 문제가 있는 것이다. '소를 바칠 헌금이 없는 사람'은 예배를 드릴 수 없다면 문제가 있는 것이다.

마가복음에서는 예수님이 성전을 이렇게 정의하신다.

"이에 가르쳐 이르시되 기록된 바 내 집은 만민이 기도하는 집이라" (마가복음 11:17)

우리는 기도하는 집에만 포커스를 맞추는데 성경을 자세히 보면 "만민"이라고 되어 있다. 성전과 먼 삶의 끝자락에 있는 사람일지라도 함께 기도할 수 있는 집이 성전인 것이다. 성경에는 삭개오처럼 매국노 취급을 받았던 사람도, 성적으로 문제가 있었던 여인도, 아버지의 재산을 탕진한 탕자도 있었다. 하지만 주님은 그들에게도 은혜의 자리로 초대하신다.

종교장사

멀리서 오는 사람들의 형편을 위해서 제물로 쓰일 짐승을 이 방인의 뜰에서 팔았다. 그런데 시간이 지나가며 가난하고 연약한 자들에게 은혜를 열어주는 장이 되기보다 목적이 변질되기 시작하였다. 흠이 없는 거룩함은 잃어버리고 편리함만 추구했던 것이다.

그리고 소와 양과 비둘기로 바꾸어 주는 돈벌이로 전락했다. 제사장들은 장사를 성전 안으로 가지고 오게 했고, 대제가장 가야바는 성전에서 상행위가 가능하도록 한다. 그리고 이 상행위를 제사장들이 관리하기 시작했다. 성전은 점점 부유해졌다.

이스라엘에서 만 20세 이상의 유대 남자들은 반세겔의 성전세를 납부하도록 되어 있었다. 당시 유통되던 돈은 로마의 화폐였다. 로마의 화폐에는 황제의 얼굴이 그려져 있기 때문에 로마 화폐를 성전세로 바치는 것이 유대인들에게는 용납이 되지 않았다. 그래서 성전은 로마나 헬라의 화폐를 세겔로 환전해 주었다. 환전장사도 성전을 부유하게 만들었다.

성전은 삶의 끝자락에 있는 사람들에게도 은혜를 열어주는 곳이 되기보다 돈벌이가 되어버리기 시작했다. 종교를 가지고

196

장사를 하기 시작한 것이다. 하나님이란 이름으로 면죄부를 팔기 시작한 것이다.

『할렐루야』라는 영화를 보면 소매치기이자 날건달인 양덕건이 등장한다. 양덕건은 가짜 목사가 되어 성도들에게 사기를 친다. 자신이 기도할 때 미리 각본을 짠 병자가 기적처럼 일어나는 이야기이다. 교회가 종교장사를 하는 순간 이것은 진정한 교회가 아니다.

"만일 너희 회당에 금 가락지를 끼고 아름다운 옷을 입은 사람이 들어오고 또 남루한 옷을 입은 가난한 사람이 들어올 때에 너희가 아름다운 옷을 입은 자를 눈여겨 보고 말하되 여기 좋은 자리에 앉으소서 하고 또 가난한 자에게 말하되 너는 거기 서 있든지 내 발등상 아래에 앉으라 하면" (야고보서 2:2-3)

사람을 볼 때 구원받아야 할 영혼으로 보지 않고 판단하는 것이다. 이 사람이 교회에 얼마나 헌금할지로 사람을 판단하는 것이다. 예수님이 종교장사를 하는 성전을 보시며 어떻게 하셨을까?

"노끈으로 채찍을 만드사 양이나 소를 다 성전에서 내쫓으시고 돈 바꾸는 사람들의 돈을 쏟으시며 상을 엎으시고" (요한복음 2:15)

예수님은 종교장사를 하고 있는 성전의 모습을 보시고 엎어 버리신다. 예수님을 생각할 때 사랑이 넘치시고, 포용하시고, 공감하시고, 눈물 흘리시는 분의 이미지가 떠오른다. 그러나 예수님은 거룩을 잃어버린 성전의 모습을 보고 분노하신다. 이것이 바로 코로나 시대에 교회가 회복해야 할 거룩한 분노이다. 진리가 아닌 것을 회피하는 것은 진정한 사랑이 아니다.

엘리 아들 홉니, 비느하스가 회막 문에서 수종 드는 여인들과 동침을 하고, 성도들이 하나님께 드린 제물을 가로채서 배불리고 살찌는 모습을 엘리 제사장은 보고도 넘어갔다. 이것이 자식을 살리는 길일까? 은혜라는 이름으로 눈감아 주는 것만이 교회를 살리는 길이 아니다.

교회 안에 부정한 모습들이 있으니 목욕물과 함께 아이를 갖다 버리자는 것이 아니다. 우리는 아이를 살려야 한다. 그래서 썩어 있는 목욕물을 그대로 둘 수 없다. 교회가 종교장사 하는 모습을 보고도 엘리 제사장처럼 넘길 수 없다.

리모델링을 해야 할 것이 있고 허물어야 하는 것이 있다. 죄
는 리모델링이 되지 않는다. 예수 그리스도의 십자가 앞에 못박
아야 한다. 거룩을 담보하지 못하는 옛것은 무너져야 한다.

"예수께서 대답하여 이르시되 너희가 이 성전을 헐라 내가 사
흘 동안에 일으키리라"(요한복음 2:19)

성전을 헐고 내가 사흘 동안에 일으킨다고 말씀하신다. 요한
복음이 쓰일 당시에는 헤롯이 지은 성전은 AD 70년에 허물어지
고 없었다. 로마 장군 티투스에 의해 무너진 성전을 보며 요한
공동체는 무엇이 진정한 성전일까? 고민한 것이다. 우리에게도
이런 고민이 필요하다. 무엇이 진정한 교회일까?

"유대인들이 이르되 이 성전은 사십육 년 동안에 지었거늘 네
가 삼 일 동안에 일으키겠느냐 하더라 그러나 예수는 성전된
자기 육체를 가리켜 말씀하신 것이라"(요한복음 2:20-21)

리모델링이 아니라 새롭게 지어질 성전은 바로 예수 그리스
도를 이야기한다. 아무리 건물이 크고, 화려한 조명과 설교 잘

하는 사람의 이야기를 들어도 예수가 빠지면 성전이 아닌 것이다. 예수가 빠지면 성도가 아니다.

제물을 드리는 것은 제물을 드린 성도의 죄를 씻고 하나님 앞에 더 나아가기 위해서이다. 거대한 건물에서 드려도, 아무리 건강한 소나 양을 가지고 나아가도 우리의 죄를 온전히 씻어 주지 못한다. 어떤 소나 양도 완전하지 못하기 때문이다. 제사를 주관하는 제사장도 온전하지 못하다.

교회 안에 모인 사람들은 언제나 온전하지 않았다. 그러나 아직도 교회가 소망인 것은 교회의 머리되신 예수님이 온전하신 분이기 때문이다. 그분이 우리를 사랑하셔서 하나님께 맞으며 고난을 당하셨다. 그리고 우리는 예수 그리스도를 믿음으로 평화를 누리고 나음을 받았다.

"그가 찔림은 우리의 허물 때문이요 그가 상함은 우리의 죄악 때문이라 그가 징계를 받으므로 우리는 평화를 누리고 그가 채찍에 맞으므로 우리는 나음을 받았도다" (이사야 53:5)

진짜 위기

매일 새벽 5시 교회를 걸어가며 애타는 목소리로 외쳐 본다. "하나님 제발 도와주세요. 우리교회 살려주세요! 우리 성도님 지켜주세요" 교회를 개척하고 지금까지 교회만 생각하면 가슴에 떨림이 있다.

한국교회는 전 세계에서 가장 빠른 영화를 맛보았다. 세계 최고로 큰 교회, 세계 최고로 많이 모이는 교회가 한국에 있다. 편의점이 2만 5천 개일 때 한국교회는 7-8만 개가 있었다. 한 언론의 기자는 종교단체가 커피 전문점과 편의점보다도 많은 우리 사회를 '종교박물관'이라고 표현하였다.

반대로 전 세계에서 가장 빠른 속도로 추락을 맛보고 있는 곳도 한국교회이다. 편의점이 2만 5천 개일 때 7-8만 개였던 교회가 현재 5만 교회 정도라고 하는데, 다음세대가 없는 교회도 수두룩하다.

진짜 위기는 숫자가 줄어드는 것도 다음세대가 없는 것도 아니다. 세상에서 길을 걸어가는 교회가 없다는 것이다. 우리는 숫자가 줄어드는 것을 두려워할 필요는 없다. 거품은 빠지기 마련이다. 두려워할 것은 세상에서 길을 걸어가는 교회, 길을 걸어가는 제자가 없다 것이다. 길을 걸어가는 교회는 고난이 와도 반드시 일어난다. 초대교회는 죽음의 핍박 속에서도 일어났다.

AD 70년 예루살렘 성전이 로마 장군 티투스에 의해 무너질 때도 교회는 살아있었다. 초기 기독교 공동체는 질문했고, 고백 했고, 움직였다. 성전 밖의 사람들 특별히 헬라인과 접촉하기 시작하며 복음을 전했다. 세상에서 길로 살아가기 시작할 때 하나님의 손은 그들과 함께하셨다. 안디옥교회를 통해 복음이 땅 끝까지 나아가기 시작하였다. 살아있는 교회들이 세워지기 시작하였다.

의도치 않게 우리의 허물을 벗어야 할 때 우리는 다시 질문 해야 한다. 하나님이 함께하시는 교회가 무엇일까? 성경이 말하는 교회는 무엇일까? 왜 교회일까? Why Church?

너희는 나를 누구라 하느냐

예수님이 빌립보의 가이사랴에 있는 마을에 이르렀을 때 제자들에게 물어보신다. "사람들이 인자를 누구라 하는가?" 마태복음 16장에 오기까지 예수님을 통해 많은 기적들이 일어났다.

38년 중풍병자가 낫게 되고, 눈먼 바디메오가 눈을 뜨게 되고, 물이 포도주가 되는 광경을 목격했다. 제자들은 기적에 취해 흥분되어 있었을 것이다.

홍분에 취해 있는 제자들에게 예수님은 "사람들이 인자를 누구라 하는가?"진지하게 질문하셨다. 예수님을 누구로 보는가에 따라 우리의 신앙의 방향은 완전히 달라진다. 초대교회는 "왜 예수인가?" "예수가 누구인가?"에 대해서 고민했다.

예수님이 우리에게도 물어보시지 않을까? "사람들이 교회를 무엇이라고 하는가?" 누구는 예수님을 세례요한이라 말한다. 세례요한처럼 예수님을 보는 이들은 교회도 사회적 문제를 고발하고 정의를 나타내야 하는 곳으로 본다. 예수를 엘리야로 보는 사람들에게 교회는 가뭄 속에 비를 내릴 수 있는 기적의 장소이다. 물론 이 모습들도 교회 안에 담겨야 할 모습이다.

그때 예수님이 제자들에게 질문하신다. "너희는 나를 누구라고 하느냐?" 다른 사람이 말하는 예수가 아니라 내가 고백하는 예수를 듣고 싶은 것이다. 이 질문을 이 책에 다시 적용해 보면 다른 사람이 평가하고 말하는 교회가 아니라 우리는 교회를 무엇이라고 고백하고 있을까?

태어나니 집이 교회였던 나에게 교회는 누구보다 잘 아는 곳

이라 생각했다. 개척을 하고 세상 속으로 더 밀접하게 들어가
보니 내가 아는 교회는 교회에서 눈치를 잘 보는 법, 교회에서
착한 아이로 살아남는 방법에 대해서 잘 알고 있었던 것이다.
그러나 성경이 말하는 교회는 모르고 있었다. 예수님의 질문에
'나의 예수' '나의 교회'를 고백하지 못했다. 시몬 베드로는 예수
님의 질문에 예수님이 누구신지 고백한다.

> "시몬 베드로가 대답하여 이르되 주는 그리스도시요 살아 계신
> 하나님의 아들이시니이다" (마태복음 16:16)

다른 사람이 말하는 예수가 아니라 베드로는 자신이 믿고 있
는 살아 계신 하나님의 아들 예수 그리스도를 고백한다. 그리고
믿음의 고백 위에 주님은 교회를 세우겠다고 말씀하신다.

> "또 내가 네게 이르노니 너는 베드로라 내가 이 반석 위에 내
> 교회를 세우리니 음부의 권세가 이기지 못하리라" (마태복음
> 16:18)

어릴 적에 빨간 벽돌에 십자가만 꽂혀 있으면 교회인 줄 알

았다. 건물적인 교회도 물론 중요하다. 하지만 성경이 말하는 교회가 세워지지 않고, 고백되지 않는다면 우리는 몰락할 수밖에 없다.

'너희는 나를 누구라 하느냐?' 남의 이야기는 하기 쉽다. 신학자의 말을 인용해서 말하는 것은 쉽다. 그러나 주님이 듣고 싶으신 것은 나의 고백이다. 미국교회, 유럽교회, 중국지하교회, 대형교회, 가정교회, 온라인교회, 이머징처치의 이야기를 듣고 싶은 것이 아니다. 주님의 몸된 교회를 내가 무엇이라고 고백하고 있는지 듣고 싶은 것이다.

나는 개척을 한 뒤 5년이란 시간을 통해 교회를 '세상의 길이 되다'라고 고백하였다. 바위의 중심부에 폭약을 터뜨리면 길이 열린다. 낭떠러지에 매달린 어린 양에게 목자가 찾아가면 그 양은 죽음에서 생명으로 변화된다. 세상이 아무리 혼란스러워도 길은 우리의 중심을 바로 세워 준다.

필립 얀시에게 교회는 고민이자 교회는 사랑이었다. 『교회, 나의 고민 나의 사랑』 책의 결론은 하나님이 세상 속에 소금의 짠맛과 빛의 밝음을 드러내기 위해 분명히 교회를 선택하셨다는 것이다. [68] 하나님은 교회를 선택하셨다. 하지만 완전한 자가 아니라 연약한 우리들을 택하셨다. 십자가 앞에서 예수님을 세

번 부인한 베드로였지만 그의 살아있는 고백을 택하시고 교회를 세우셨다. 이 살아있는 고백 위에 세워진 교회는 마귀 사탄이 절대 무너뜨릴 수 없다. 흔들릴 수는 있어도 무너질 수는 없다. 예수님이 이미 십자가에서 승리하셨다.

> "또 내가 네게 이르노니 너는 베드로라 내가 이 반석 위에 내 교회를 세우리니 음부의 권세가 이기지 못하리라" (마태복음 16:18)

이 책을 읽는 독자 중에는 신학적인 지식이 없는 내가 어떻게 감히 교회를 고백할 수 있을까 두려움 속에 있는 분도 계실 수 있다. 두려워하지 말고 예수님을 바라보아야 한다. 누가복음과 사도행전을 읽어야 한다. 내 힘으로 고백하는 것이 아니라 성령께서 우리의 입술을 통해 고백하게 하실 것이다.

> "예수께서 대답하여 이르시되 바요나 시몬아 네가 복이 있도다 이를 네게 알게 한 이는 혈육이 아니요 하늘에 계신 내 아버지시니라" (마태복음 16:17)

돌아가신 하용조 목사님의 교회를 향한 고백이 생각난다.

"교회만 생각하면 밥을 먹지 않아도 배부르고 잠을 이루지 못
해도 신이 난다. 아무리 고통스럽고 힘들어도 교회만 생각하면
행복하다. 교회는 세상을 움직이는 열쇠요 방향이요 정신이다.
그래서 교회가 타락하면 세상이 타락하지만, 반대로 교회가 살
아 있으면 세상은 희망이 넘친다."[69]

우리는 교회를 무엇이라고 고백하는가? 왜 교회일까? 살아
있는 믿음의 고백을 통해 교회가 살아나고, 세상에 희망이 넘치
게 될 그날을 기대하며 오늘도 걸어간다.

69 하용조, 『사도행전적 교회를 꿈꾼다』 두란노서원

세길교회가 전하는
하나님 나라

교회 건너편에 스타벅스가 있다. 새벽 5시 교회를 걸어오는데 불꺼진 스타벅스 매장 앞에서 청년들이 줄을 서서 기다리고 있다. 코로나로 교회는 못가게 하는데 카페 앞에서는 새벽부터 줄을 서서 기다리니 교회를 향한 세상의 시선이 안타깝기도 하고 스타벅스가 부럽기도 했다.

왜 새벽 5시부터 스타벅스 앞에서 청년들이 기다리는지 찾아보았다. 개점과 동시에 나눠주는 사은품 가방을 받기 위해서였다. 순간 떠오르는 생각은 '스타벅스 서머레디백보다 사람들을 끌 수 있는 것은 무엇일까?'였다. 무의식 속 애굽이 더 강한 브랜드를 찾으라고 속삭이는 것 같다. 교회의 정체성을 잃어버리면 우리는 스타벅스를 이기려고 또 다시 노예가 된다.

코로나 시대에 큰 질타를 받았던 교회는 어떻게 변화를 이루어갈 수 있을까? 제임스 클리어는 『아주 작은 습관의 힘』이란 책에서 습관을 바꾸기가 어려운 것은 두 가지 이유를 알려준다. 첫째는 변화시키고자 하는 대상이 잘못되었고, 둘째는 변화의 방식이 잘못되었다는 것이다.[70]

책에서 진정한 변화가 가장 어려운 사람들은 결과만 변화시키려고 하는 사람들이라고 한다. 살을 뺀다거나, 책을 낸다거나 결과에만 주목하는 것이다. 교회도 어떻게 사람들을 다시 교회로 모을 수 있을까? 코로나 이전으로 어떻게 회복할 수 있을까? 결과만 고민한다.

두 번째 층은 과정을 변화시키는 것이다. 습관과 시스템을 변화시키는 것이다. 매일 체육관에서 새로운 운동을 해본다든가, 작업 흐름을 개선하고자 책상에 널린 잡동사니들을 정리한다든가, 명상 훈련을 하는 것이다. 코로나19는 교회들이 서둘러 변화하게 만들었다. 세미나도 하고, 줌, 유튜브를 통해 새로운 교회

---

70 제임스 클리어, 『아주 작은 습관의 힘』 비즈니스북스

시스템을 만든다. 여름성경학교, 수련회도 온라인으로 진행한 교회들이 많다. 포스트 코로나에 달라진 삶의 패턴에 맞게 시스템을 만들고 적용하면서 치유를 말하고 희망을 말하고 있다.

제이스 클리어가 말하는 진정한 습관을 변화시키는 층은 정체성(identity)을 변화시키는 사람들이라고 말한다. 이 층은 우리의 믿음을 먼저 변화시키는데 맞춰져 있다. 세계관, 자아상, 자신과 타인에 대한 판단들을 바꾸기 위해 노력해야 한다는 것이다. 지금 교회는 결과, 시스템, 정체성 중 무엇에 초점을 맞추고 있을까?

성경을 보면 홍해가 갈라졌던 시기가 있었고, 40년 동안 광야를 헤매었던 시간도 있었고, 여리고성을 무너뜨렸던 시간도 있었다. 골리앗을 물맷돌로 무찔렀던 시간도 있었고, 밧세바를 간음했던 시간도 있었다. 솔로몬이 지혜를 구했던 시간도 있었고, 무리하게 성전을 건축했던 시간도 있었다. 하지만 이스라엘 백성에게 예루살렘 성전이 바벨론에 의해 무너졌던 시간은 참 견디기 힘든 시간이었을 것이다.

하나님은 이스라엘을 깨닫게 하기 위해 앗수르와 바벨론을 사용하셨다. 앗수르와 바벨론이 의로웠기 때문은 아니다. 하나님은 두 나라를 사용하셔서 이스라엘 백성이 온전히 회개하고 회복되길 원하셨다. 남유다는 바벨론에 의해서 예루살렘 성전이 철저하게 무너진다. 그리고 바벨론 포로로 끌려가 70년이란 시간을 보내게 된다. 그들은 고통의 시간 속에서 질문했다. 하나님은 어디에 계실까? 금과 은과 백향목으로 지어진 아름다운 성전이 왜 무너진 것인가?

뼈를 깎는 고통 속에서 바벨론 포로기에 생명을 살리는 성경이 쓰여진다. 진정한 성전이 어디인지? 우리를 창조하시는 분이 누구인지? 우리 인생은 누구의 손 안에 있는 것인지? 인생의 방향이 무엇인지? 이스라엘 백성은 글을 썼다. 한국교회 역사 속에서도 솔로몬 성전을 지었던 시기도 있었다. 그런데 지금은 글을 써야 하는 시간인 것만 같다.

글을 쓰면서 오른쪽 쇠골뼈 위에 혈관종이 생겨서 제거하는 수술을 받았다. 수술 후 마취가 깨면서 통증이 심했다. 몸이 아프니 온몸이 아프고 마음까지도 힘들었다. 예수님은 교회를 그리스도의 몸이라고 말씀하셨다.

"교회는 그의 몸이니 만물 안에서 만물을 충만하게 하시는 이의 충만함이니라" (에베소서 1:23)

예수님이 교회의 머리이고 우리는 지체이다. 작은 혈관종 하나만 제거하더라도 온몸이 아프다. 아프더라도 떼어낼 것은 떼어내고 공교회가 회복되는 시간이 필요하다. 난 거짓선지자들이 부드러운 목소리로 성전은 무너지지 않는다는 이야기가 아니라 예레미야의 이야기를 들었으면 좋겠다. 무너져야 한다. 아파야 한다. 그리고 아픔의 시간을 지나면 하나님은 회복시켜 주실 것이다.

교회를 개척하던 그해, 성탄절에 쓴 일기이다.

"파주 공방에서 도자기로 된 세례기를 사왔다. 세길교회에서 첫 세례식이 성탄절에 있기 때문이다. 숫자에 만족하는 세례로 끝나지 않기 위해 3주 동안 아이들과 철저하게 세례교육을 하였다. 아이들 모두 처음 예수를 믿고 부모님이 교회를 다니시지 않아 세례가 조심스러웠다. 조심스런 마음으로 부모님 모두에게 연락을 드렸다. 몇 분은 아이가 세례 받는 것을 거절하셨지만 총 5명의 부모님이 아이들이 세례 받는 것을 허락해 주셨고 주님의 은혜로 이번 성탄절에 5명의 아이들에게 세례식을 하게 되었다. 더 감사한 것은 5명의 부모님들이 성탄절에 교회에 오시겠다고 말씀해 주셨다. 교회로 인도된 것에 그치지 않고 한 영혼이 예수를 구주로 고백하고 세례를 받는 것만큼 목회에 있어 보람되고 감사한 것은 없는 것 같다."

"그러므로 너희는 가서 모든 민족을 제자로 삼아 아버지와 아들과 성령의 이름으로 세례를 베풀고" (마태복음 28:19)

이 일기를 10년 뒤에 보았을 때도 동일한 마음이기를.

걷기 시작하다
세길교회가 전하는 하나님 나라 이야기

성경은 하나님 나라의 이야기로 구성되어 있습니다. 세길교회가 전하는 하나님 나라 이야기 『걷기 시작하다』도 그림이 담긴 이야기 콘셉트로 만들었습니다. 그림이 담긴 이야기이다 보니 여백이 많습니다. 많은 것을 세세하게 가르쳐 주지 않으려 했습니다. 오히려 그 공백 안에 자신의 삶의 이야기를 써 내려가도록 초대하였습니다.

요나를 통해 '방향, 죄, 기도, 은혜, 회개, 하나님의 사랑'의 주제를 다루었습니다. 교회 생활보다는 하나님 나라에 참여하기 위해 우리가 건너야 할 단계들에 대해서 나누었습니다. 교리적인 접근보다 이야기를 통해 구도자와 접촉하려 했습니다. 『걷기 시작하다』 전도 책자를 읽는 독자들이 이야기를 읽고 끝내는 것이 아니라 하나님 나라에 참여하기를 요구합니다. 그래서 마지막도 여운으로 마칩니다. 말씀을 통해 삶의 구석구석을 들여다보고, 삶의 방향을 하나님 나라를 향해 나아가는 것입니다.

전도 책자는 자유롭게 활용하실 수 있습니다. 가능하다면 전도자와 구도자가 함께 소리내어 이야기를 읽고 나누어도 좋고, 구도자가 전도 책자를 읽어온 후 전도자가 하는 질문을 가지고 삶의 이야기를 나누기를 추천합니다. 전도자는 미리 질문(하나님 나라와 구도자의 삶을 연결할 수 있는 질문)을 진지하게 준비해야 합니다. 질문을 통해 전도자가 고백하는 삶의 이야기를 공감하고, 책의 내용을 중심으로 하나님 나라를 전해야 합니다.

『걷기 시작하다』는 일러스트가 있는 전도 책자로도 제작하고, PDF 파일로도 만들었습니다. PDF 파일은 다양한 메신저를 통해서 공유할 수 있다는 장점이 있습니다. 세길교회가 전하는 하나님 나라 이야기 PDF 파일을 신청하는 분에게 메일로 보내드립니다.

신청: kimgs3763@hanmail.net

1. 다가오다

보통사람 요나

비둘기란 이름의 뜻을 가진 '요나'는 보통사람입니다.

엘리야처럼 기적의 사람도 아닙니다.

다윗처럼 왕도 아닙니다.

모세처럼 지도자도 아닙니다.

때로는 어리석기도 하고, 옳은 일을 하면서도 화를 내는

'보통사람'입니다.

보통사람 '요나'에게도 하나님의 말씀은 다가옵니다.

(요나서 1:1) 여호와의 말씀이 아밋대의 아들 요나에게 임하니라 이르시되

말씀이 다가오다

믿음의 길을 걷기 시작한 나에게도 요나처럼 말
씀이 다가왔습니다.

(창세기 2:7) "하나님이 땅의 흙으로 사람을 지으시고
생기를 그 코에 불어넣으시니 사람이 생령이 되니라"

흙은 히브리어로 먼지(아파르)란 뜻입니다. 하나님이 없는 우리
는 먼지처럼 푸석할 뿐입니다. 하지만 하나님의 생기가 임할 때
우리는 '생명'(living soul)이 됩니다.

2. 방향

니느웨

'보통사람' 요나에게 하나님의 말씀이 다가왔습니다.

누구에게 말을 건넬 때는 목적이 있습니다.

사귀고 싶어서, 요청하고 싶어서, 전달하고 싶어서

등의 이유로 말을 건네기 시작합니다.

하나님은 요나에게 어떤 말을 건네셨을까요?

(메시지성경 요나서 1:2) "일어나 저 큰 도시 니느웨로 가거라! 가서 그들
에게 말씀을 전하여라."

요나에게 건넨 말은 '니느웨'였습니다.
요나를 향한 하나님의 방향이 있었습니다.
'니느웨'!!

'니느웨'가 무엇이고 어떤 곳인지는 희미해도
우리의 삶은 나아갈 방향이 있습니다.
그 길은 나를 지으신 주님이 알고 계십니다.

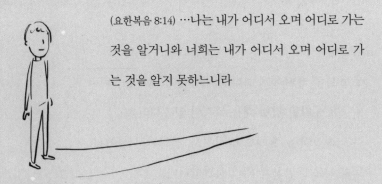

(요한복음 8:14) …나는 내가 어디서 오며 어디로 가는
것을 알거니와 너희는 내가 어디서 오며 어디로 가
는 것을 알지 못하느니라

편견

하지만 요나는 '니느웨'가 거북합니다.

'니느웨'는 당시 고대 근동을 제패했던 대제국 앗수르의 수도입니다.

앗수르는 주변 지역을 점령할 때 다른 종족과 결혼하는 혼혈정책을 펼쳤습니다.

혼혈정책을 펴며 종교, 법, 문화도 혼합하였습니다.

다른 신은 없고 하나님만이 유일하다고 믿는 유대인 요나에게는 앗수르는 사람 같아 보이지 않았습니다.

이방인과 결혼하는 것은 죄라고 배워온 요나에게

자신이 니느웨로 간다는 것은 말도 안 되는 일이었습니다.

우리는 어떤 공동체에 속하였는지

어떤 부모님 아래에서 자랐는지

어떤 교육을 받았는지

어떤 언어권에 있었는지

누구와 교제를 했었는지에 따라

생각이 치우치게 됩니다.

치우친 나의 생각 때문에

길을 제대로 바라보지 못할 때가 많습니다.

하나님의 방향은 '니느웨'이지만

솔직히 싫습니다.

차라리 내게 익숙한 '다시스'로 가고 싶습니다.

나에게도 거북한 '니느웨'가 있지 않나요?

하나님의 방향 '니느웨' 그리고 나의 방향 '다시스'

갈림길에 서게 됩니다.

(메시지성경 신명기 5:32) 여러분은 정신을 바짝 차려서… 오른쪽으로나

왼쪽으로나 벗어나지 마십시오.

3. 최대한 멀리 달아나다

멀리 달아나다

갈림길에서 요나는 다시스를 선택합니다.

다시스로 가는 배를 탄 그는 하나님을 피해

최대한 멀리 달아납니다.

(메시지성경 요나서 1:3) 그는 뱃삯을 지불하고 다시스로 가는 사람들과

함께 배에 올랐다. 하나님에게서 최대한 멀리 달아나려는 것이었다.

하나님에게서 최대한 멀리 달아나는 것

이것을 성경은 죄라고 이야기합니다.

지구는 태양과 멀어질수록 추워지기 시작합니다.

나무는 땅에서 멀어질수록 시들기 시작합니다.

물고기는 물과 멀어질수록 죽어가기 시작합니다.

하나님과 멀어지는 우리의 영혼도 죽어가

기 시작합니다.

당장이라도 산산조각 날 것 같았다

요나가 탄 다시스로 가는 배는 거대한 폭풍을 만나게 됩니다.

하나님이 보내신 폭풍입니다.

폭풍을 만난 배는 산산조각 날 것만 같았습니다.

하나님과 멀어진 배의 모습입니다.

끊임없이 다른 사람과 비교하며

내 마음은 산산조각이 나 있습니다.

게임, 인터넷, 술, 도박, 쇼핑, 포르노, 일, 관계 등의 중독으로

내 삶은 산산조각이 나 있습니다.

제일 힘든 것은 하나님과

관계가 산산조각 나기

시작하였다는 것입니다.

4. 회피하다

물건을 던지다

산산조각 날 것 같은 배에 탄 사람들은 두려웠습니다.

두려워 필사적으로 자신의 신들에게 도움을 구하였습니다.

어떤 이들은 배의 무게를 줄여 보려고 물건을 던져 보았습니다.

물건을 바다에 던지는 노력으로 파도는 잠잠해지지 않았습니다.

하나님이 보낸 파도를

내 힘과 노력으로 잠잠하게 하려 한다는 것은 어리석은 행동일

뿐입니다.

하지만 사람들은 산산조각 날 것 같은 배에서 살고 싶어

자신만의 노력을 합니다.

거대한 폭풍 속에서 정작 요나는 배 밑층에 내려가

깊은 잠을 자고 있었습니다.

괴로운 현실을 눈감고 있었습니다.

5. 어디서 온 사람입니까?

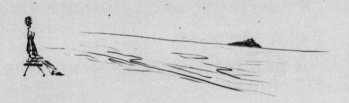

숨길 수 없게 되다

두려움에 떨고 있는 사람들은 진상을 파헤쳐 보기로 결심합니다.

누구 때문에 재앙이 왔는지 제비를 뽑아 봅니다.

요나가 뽑혔습니다. 현실을 외면하려 하여도

더 이상 숨길 수 없는 순간이 찾아옵니다.

배 밑층에서 자신을 숨기려 해도 결국은 드러납니다.

죄는 숨길 수 없습니다.

어디서 온 사람입니까?

한 사람이 요나에게 묻습니다.

"당신은 뭐하는 사람입니까? 어디서 온 사람입니까?"

이 질문은 단순히 수평적인 위치를 묻는 질문이 아닐 것입니다.

'나는 누구인가?'와 같은 존재를 묻는 질문입니다.

바쁘고 분주한 세상에서 이 질문을 잊어버리고 삽니다.

'나는 어디에서 왔으며 어디로 가는 사람인가?'

'무엇을 하는 사람인가?'

이 질문 앞에 서지 않기에 산산조각이 납니다.

요나는 그 질문 앞에 대답합니다.

"나는 히브리사람입니다.

바다와 육지를 창조하신

하나님을 예배하는 사람입니다.".

저도 한 명의 선원이 되어

당신에게 묻습니다.

"당신은 어디에서 왔으며 어디로 가는 사람입니까? 무엇을 하는

사람입니까?"

선원의 질문을 통해 '나'를 바라본 요나는 이야기합니다.

"나를 들어 바다에 던지시오."

요나를 들어 배 밖으로 던지니

아무 일도 없었다는 듯이 바다는 잠잠해졌습니다.

6. 닫혀 버린 것 같은 순간

우연이 아니다

하나님을 떠나 다시스로 가던 요나는 바다에 던져지게 됩니다.

던져진 그가 파도에 휩쓸리는 순간

커다란 물고기가 집어 삼킵니다. 이 물고기는 우연히 지나가던

물고기가 아닙니다.

요나를 구원하시기 위해 보내신 하나님의 물고기였습니다.

물고기 뱃속은 캄캄합니다.

심한 고통이 느껴지는 곳입니다.

아주 닫혀 버린 것만 같습니다.

깊은 무덤 같기만 합니다.

물고기 뱃속은

힘과 노력으로 아무것도 할 수 없는

공간과 시간입니다.

내가 살아가는 순간이

캄캄한 물고기 뱃속처럼 느껴질 때가 있습니다.

요나는 물고기 뱃속에서 목숨이 사그라져 갈 때에

하나님을 기억하며 기도하게 되었습니다.

'도와주십시오!'

물고기 뱃속에서 '다시스'는 점점 사라지고 있었습니다.

기도는 하나님의 뜻을 받아들이는 시간입니다.

반대로 내 뜻은 점점 줄어드는 시간입니다.

깊은 어둠을 지나며 요나는 깨닫게 되었습니다.

"구원은 하나님께만 있구나!"

캄캄한 물고기 뱃속을 걸어본 시간이 여러분에게 있다면

정직하게 고백할 것입니다.

구원이 하나님께 있음을

7. 두 번째 기회

기회를 잃어버리다

하나님의 낯을 피해 다시스로 가는 배를 타면서부터

요나는 하나님이 주신 기회를 잃어버렸습니다.

우리도 첫 번째 기회를 잃어버린 사람입니다.

세상은 잃어버린 기회를 다시 주지 않습니다.

기회를 다시 얻기 위해서는 그 만한 책임을
져야 합니다.
실패한 것에 대한 책임을 지기 전까지
기회는 박탈당합니다. 그러나 문제는
나에게 책임을 질 만한 힘이 없습니다.

다시 한 번

기회를 잃어버린 요나가
닫혀 버린 것 같은 순간에 하나님을 찾았을 때
다시 한 번 기회를 주십니다.
요나의 행위나 노력 때문이 아니라 긍휼히 여기시는
주님의 은혜로 얻은 기회입니다.

(메시지성경 요나서3:1) 요나에게 다시 한 번 말씀하셨다.
"일어나 큰 도시 니느웨로 가거라!"

하나님의 낯을 피해 최대한 멀리
달아난 우리는
산산조각이 났습니다.

그러나 하나님은 우리에게 두 번째 기회를 주십니다.

8. 아주 큰 도성

아주 큰

두 번째 기회를 얻은 요나는 니느

웨로 갑니다.

니느웨는 가로질러 지나가는 데만 꼬박 사흘이 걸리는

'아주 큰 도성'입니다.

하나님을 떠나 있는 도시의 모습은 아주 큰 도성 같습니다.

비교, 경쟁, 갈등, 성공이란 단어들은

우리를 '아주 큰 도성 니느웨'로 만듭니다.

무너진다

그곳에서 요나는 다섯 단어를 선포합니다.

"사십 일만 지나면 니느웨가 무너진다."

하나님의 사이렌소리입니다.

'무너지다'(하파크)는 히브리어로 두 가지 의미가 있다고 합니다.

무너지는 상황에서도 '하파크'를 사용하지만

'빙그르 돌다'라는 의미로, 변화되어 돌아올 때도

'하파크'를 사용합니다. 하나님의 사이렌소리는

'무너지다'라는 이면에 빙그르 돌아

하나님께 돌아갈 수 있는 기회의 말씀입니다.

요나를 통해 하나님의 사이렌소리가 들릴 때

니느웨 사람들은 금식을 선포하고

베옷으로 갈아입었습니다.

회개는 빙그르 도는 시간입니다.

입으로 죄를 시인하는 것을 넘어

삶의 방식을 바꾸고 가던 길에서 빙그르 도는 것입니다.

잘못된 방향의 기차에서 내려

바른 방향의 기차를 타는 것입니다.

9. 화가 나다

니느웨가 무너진다?

니느웨 성에서 '무너지리라'를 선포했던 요나는

마음이 갈기갈기 찢어질 정도로 화가 나서

하나님께 소리를 질러댑니다.

사실 요나는 니느웨가 싫었습니다.

앗수르 때문에 이스라엘이 멸망하였습니다.

요나는 그런 앗수르가 멸망해야 마땅하다고 생각하였습니다.

나에게도 당연히 무너져야 마땅하다고

생각하는 앗수르가 있습니다.

가기 싫었던 '니느웨'!

무너질 것만을 생각하고 돌아와 '무너지리라'를 외쳤는데……

(메시지성경 요나서 3:10) 하나님께서 그들이 악한 길에서 돌이키는 것을 보시고 그들에 대한 생각을 정말로 바꾸셨다. 그들에게 행하겠다고 말씀하신 일을 행하지 않으셨다.

하나님은 악한 길에서 돌이킨 '니느웨'에 대한 생각을 바꾸시고 재앙을 내리지 않으십니다.

요나가 믿고 싶은 하나님은

앗수르를 무너뜨리셔야 하는 분인데,

다른 하나님의 모습을 봅니다.

그래서 화가 납니다.

자신이 자라온 환경, 문화 속에서

내가 만들어 놓은 하나님이 있습니다.

내가 믿고 싶은 하나님이 있습니다.

하나님이 그 테두리 안에 계셨으면 좋겠습니다.

그러나 예수를 믿는다는 것은

내가 만든 테두리의 선이 사라져 가는 것입니다.

10. 아꼈거든

박넝쿨

분이 풀리지 않은 요나는 씩씩거리며 동쪽으로 나가

나뭇가지로 작은 텐트 하나를 만들고 지켜 봅니다.

(니느웨 성이 무너지는지를……)

지켜 보는 요나 위에 하나님은 박넝쿨을 만드십니다.

뜨거운 사막에서 태양열을 견디는 것은 몹시 괴로운 일입니다.

박넝쿨은 따가운 햇볕을 가려줍니다.

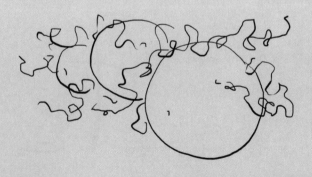

괴로워하는 요나에게 시원한 박넝쿨은
행복과 아낌의 대상이었습니다.

행복을 느끼는 순간도 잠시, 벌레
한 마리가 박넝쿨을 갉아 먹습니다.
요나가 아꼈던 박넝쿨이 한순간에 시들어 버립니다.
우리가 아꼈던 것들도 한순간에 사라질 때가 있습니다.

따가운 햇볕이 다시 내리쬐기 시작하자
요나는 다시 하나님께 소리를 질러댑니다.
"하나님 죽여 주세요!!"
하나님은 성내는 요나에게 묻습니다.
"네가 성내고 화내는 것이 옳으냐?"
요나는 하나님께 대들며 이야기합니다.
"죽기까지 화내는 것이 옳습니다."

그러자 하나님은 피터지는 목소리로 이야기하십니다.
"하룻밤에 말라 버린 박넝쿨을 아끼는 것처럼 나는 이 백성을 아
낀다."

이것이 하나님과 요나의 마지막 장면입니다.

하나님은 요나를 통해 니느웨를 향해서
'무너지다(하파크)'를 선포하라고 하셨지만
이면에는 하나님의 아낌없는 사랑이 담겨 있었습니다.

성경을 보면 어떤 구절은 무서운 언어, 심판의 언어로 들리는 것
같습니다.
그러나 그 이면에 깊이 흐르고 있는 것은 바로 사랑입니다.

아끼고 또 사랑해서
하나님의 아들 예수를 십자가에 보내셨습니다.

믿음의 길을 걷기 시작하는 여러분에게 하나님은 말씀하십니다.
'아꼈거든'